K.G. りぶれっと No.9

社協ワーカーへの途(みち)

参加型実習指導ワークブック

牧里毎治・加山　弾・高杉公人　[著]

関西学院大学出版会

はじめに

　関西学院大学社会学部社会福祉学科の社会福祉援助技術現場実習指導クラスは、社会福祉援助技術現場実習に参加する主に3年生を対象として春学期に開講されています。実習指導クラスでは、現場実習の配属先ごとに児童、高齢者、障害者、社会福祉協議会、公的扶助等の分野ごとに分かれており、各分野の第一線で活躍されておられる方々に指導にご協力頂いています。それにより学生は、それぞれに特有の価値・知識・技術を効果的に学習し、現場実習に向けての準備を行っています。

　その中で社協クラスは、牧里毎治教授を中心に、今日の社協業務や活動の実践状況を考慮し、現場で必要とされる人材の育成に繋がる実習指導カリキュラムの開発を行ってきました。最初は試行錯誤の連続でしたが、その度に市区町村社協の方々にアドバイスを頂きながら少しずつ指導内容の改良を行ってきました。そのような時を経て、実習指導クラスも今年で3年目を迎えることとなり、授業での取り組みやワークもようやく充実してきたところでそれらの集大成として本書の刊行を決定致しました。この本は社協で実習を行う学生のみならず、実習先社協のスーパーバイザーや社協に関心を持つ多くの福祉関係者や地域活動に携わる人々にご一読頂き、さらなるご指導・アドバイスをいただけますよう願っております。

　本書の刊行にあたって、関西学院大学出版会の田中直哉氏および戸坂美果氏が快くお引き受け下さり校正・出版にご尽力頂きました。また、3年前まで本学科の実習助手として社協実習指導クラスの基盤となる勉強会を組織された石井祐理子氏（京都光華女子大学専任講師）、社協見学会の実施にご協力下さった宝塚市社会福祉協議会の事務局次長、佐藤寿一氏、そして最後に実習指導クラスについてのアドバイスや現場実習で学生をスーパーバイズして下さった市区町村社協の方々に執筆者を代表して心より御礼申しあげます。

2005年5月

　　　　　　　　　　　　　　　関西学院大学　社会学部　社会福祉学科
　　　　　　　　　　　　　　　実習助手　高　杉　公　人

▶目 次

はじめに……………………………………………………………… 3

第Ⅰ部　社会福祉協議会実習の概要……………………………… 7
　序章　社会福祉協議会実習の目的と意義 …………………………… 9

　第1章　コミュニティワーカーの仕事………………………………13
　　1.1　コミュニティワークとは
　　1.2　援助技術論としての形成過程
　　1.3　援助技術としてのコミュニティワーク──機能とプロセス
　　1.4　専門職としてのコミュニティワーカー
　　1.5　社会福祉協議会とコミュニティワーク
　　1.6　社会福祉協議会実習に向けて──知っておくべき"基礎知識"と"地域状況"の理解

第Ⅱ部　（基礎編）実習のための基礎知識の向上 ……………… 25
　第2章　社会福祉協議会実習を履修するにあたって………………27
　　　　　──心構えと基礎知識の向上
　　2.1　実習配属の流れ
　　2.2　社会福祉協議会実習配属に向けての4つの関門
　　　　　──実習への心構えと基礎知識の向上
　　2.3　まとめ

　第3章　社会福祉協議会活動ウルトラクイズ………………………37
　　3.1　○×クイズ
　　3.2　バラマキクイズ
　　3.3　早押しクイズ

　第4章　視聴覚教材等を用いた現場のイメージづくり……………45
　　4.1　ビデオ教材
　　4.2　インターネット
　　4.3　先輩の報告レポート
　　4.4　地元の社会福祉協議会の活動メニューが一覧できる冊子

第Ⅲ部　（実践編）コミュニティワークのスキルを身につける …… 51
　第5章　地域見学とマッピング技法による社会福祉協議会活動・社会資源の分析………………………………………………………53

CONTENTS

  5.1 地図を持って地域を歩こう
  5.2 マッピング技法
  5.3 まとめ

 第6章 住民参加とワークショップ手法………………………70
  6.1 「参加」について考えてみよう
  6.2 地域福祉計画と参加
  6.3 住民集会におけるワークショップ手法の目的と利点
  6.4 アイスブレイク
  6.5 KJ法
  6.6 実習生のための「敗者が勝者（？）の罰ゲーム」

 第7章 ドラマ演習を通してスキルを高める………………85
  7.1 コミュニティワーク・ドラマの目的
  7.2 演習――コミュニティワーク・ドラマに挑戦しよう
  7.3 まとめ――地域の人びとが"気づき""変わっていく"過程

第Ⅳ部 実習本番に向けて――心の準備と基礎知識の再点検 …… 95
 第8章 実習計画書の目的と書き方………………………………97
  8.1 実習計画書作成の前に
  8.2 書き方の要点――ポイントをしぼり、かつ柔軟に
  8.3 目標をしっかりもって実習へ

 第9章 実習日誌・実習報告レポートの書き方 ………………104
  9.1 実習日誌の書き方
  9.2 社会福祉協議会実習における実習報告レポート作成の意義と書き方

 第10章 社会福祉協議会実習に向けて最後の調整……………110
  10.1 社会福祉協議会実習に向けての"決起集会"
  10.2 トーキングスティックサークル
  10.3 昨年度の実習生と今年度の実習生との交流会

 終章 求められる社会福祉協議会ワーカー…………………120

第Ⅰ部 社会福祉協議会実習の概要

序章　社会福祉協議会実習の目的と意義

　社会福祉協議会（以下、社協）は、原則として都道府県、市町村ごとに一組織として設置されている、地域福祉を推進する中核的機関として公的に認知された民間組織です。
　また、民間組織といってもNPO（民間非営利組織）と異なって、地域社会や住民組織を代表する社会福祉サービスや住民福祉活動を束ねる総合的な役割も果たさなければならない団体でもあります。都道府県や市町村という地方公共団体に次ぐ、社会福祉の総合的な機能を有する公共性の高い地域組織ともいえます。したがって、行っている事業や活動も社協によっては幅広く、事情を知らない人には、とてもわかりにくい面もあるでしょう。
　社協での実習といっても、協議会という組織で実習しているというよりも、協議会を支えている事務局や地区住民組織、ボランティア・グループでの実習ということになります。あるいは、社協がなんらかの在宅福祉サービスなどを実施している場合には、サービス供給部門での相談・介護の実習をあわせて、体験することも含まれます。社協自体が事業型なのか活動型（自治型）なのかによって実習の中身もやや異なってきます。在宅福祉サービスや介護保険サービスを実施している場合には実習のかなりの部分が直接サービスへの関わりが多くなり、活動型だとボランティア活動や住民互助活動、あるいはイベント事業への関わりが増してきます。市区町村社協実習も社会福祉士国家試験に必須の現場実習の一つなので、住民組織化だけでなく在宅福祉サービスなどに関わる相談実習なども内容として組み込まれていなければならないのは言うまでもありません。
　社協実習のねらいは、このような社会福祉士受験資格を得るためだけ

に行うというものではなく、ひろく地域福祉を発展させるために地域社会の一機関としてその推進にどのような役割を果たしているかを実際の体験を通じて学ぶところにあると考えています。したがって、住民のニーズを充足させるための福祉サービスがどのように提供されているかといった現実の実態を社協職員と一緒になって業務を遂行するなかで学ぶとともに、事業や活動のなかに取り入れられていない住民のニーズや地域福祉の活動主体としての思いや希望をどのように取り上げ、事業化・施策化していっているのか組織化プロセスも学ぶことが社協実習の第一義的なねらいといえるでしょう。

　介護保険事業や在宅福祉受託事業などを除外すれば、地域福祉の活動やボランティア活動などは直接的には住民やボランティアが行っているものであって、社協職員が直接的に援助活動しているわけではありません。コミュニティワーカーとしての社協活動専門員は、住民やボランティア、または当事者団体やセルフヘルプ・グループなどの活動を裏方として側面的・後方支援的に援助しているのであって、世話役のような職務を担っています。素人目にはイベントや活動のリーダー、あるいは参加者やボランティアの動きと結果しか見えないけれども、活動や事業の成功の裏には、これらの活動や事業を支援するプロ集団としての社協活動専門員が存在していることを学ぶことが社協での実習の醍醐味なのです。

　地域社会という複雑な捉えにくい社会を舞台に地域福祉システムを動かしている一組織としての社協が、さらにまたこの組織の一員として勤務している社協職員がどういう目的と目標のもとで働いているのかを限られた実習期間で学びとるのは事実上、困難をきわめます。しかも、大学院実習のようなアドバンスト実習でもない、学部レベルの実習で社協のミッションや組織特性を含む内容を完璧に理解できるでしょうか。しいていえば、学部学生でも一定の予備知識と事務局と活動現場でのフィールドワークさえ経験すれば、次のような学習目標は達成できるでしょう。少なくとも実習経験を積んで、社協の存在を知らない人々に対して的確な説明ができる表現能力を身につけることは可能です。第一義

的な学習目標は、まさに第三者に社協活動や社協組織について説明できる能力を身につけることであると言ってもよいでしょう。表現力は、現場で起きていることの意味や重要性を認識できることや自分の言葉で説明できる理解力がなければ身につきません。伝達する意思疎通の力も加えて、これらを理解力というならば、社協実習のねらいは、社協の事業、組織、財政を適切に理解し、それらの意義と課題を認識できるようにすることといえます。

　このような社協実習は、専門教育上、また大学卒業後の進路にかかわって、どのような意義があるのでしょうか？　そのことに言及して序章のまとめにかえたいと思います。

　もちろん、社会福祉士受験資格としての意義はいうまでもないですが、広義には、社協実習は、地域社会で取り組まれている地域福祉実践の多くが社協の専門的支援に支えられていることを一市民として、あるいは職業人として理解できる幅広い人材の養成にあるということになるでしょうか。実習生は、卒業後、ボランティアとして自治会リーダーとして活躍する人を輩出するかもしれないし、企業の社会貢献部門で社協と連携した事業・イベントの担当者になるかもしれません。また、幾人かの実習生は、NPOのスタッフとして社協との協働活動をすすめる人材になるかもしれません。狭義には、社協実習は、コミュニティワーカーというまだ定着していないプロ集団の一員に加わってもらうための職業的トレーニングの入門編という意義もあるでしょう。社協実習で現場指導者が実習受入に熱意をもって受け入れてくれるのは、ひとりでも社協ワーカー後継者として後輩に育ってほしいからではないでしょうか。社協で実習した学生には、かりに社協職員にならなくても、同じ社会福祉士として、ソーシャルワーカーとして地域福祉活動をすすめることの意義を理解できる人材になってほしいのです。

　講義や研究演習などと違って、実習は、福祉現場に出向いてナマの現実と向き合うことになるのですが、その臨場感と体験学習が重要なのです。これらの現場に出向く学習の意義は、社協実習に限られるわけではないですが、なかでも社協実習は、地域社会という世代や階層など多様

な人々の出会いのなかで取り組まれる、多岐にわたる活動や事業から成り立っている現実を学ぶところに最大の特徴があります。特定の人々を対象にした福祉サービス機関でもなく管理監督を業務とする自治体でもなく、まさに中間組織として住民とも関わり、専門職など職業に携わる人々ともネットワークしていく組織が社協です。社協実習は、実習生にとって世代を超えた多様な人々、多職種にまたがる人材とのコミュニケーション能力を磨く修行の場かもしれません。様々な人々が社協事務局を出入りし、多岐にわたる事業が忙しく実施されていきます。自分なりの視点と自分らしいマイ・テーマをもって実習に臨まなければ職場の多忙さと情報洪水のなかで溺れてしまうでしょう。実習生の自己成長の可能性を確かめる実践の場になればと思います。

第1章 コミュニティワーカーの仕事

　これから社協での実習に向けて準備を進めるにあたり、まずは前提として、社協の専門職やその仕事の内容について、基本的な知識を習得しておく必要があります。言い換えれば、援助者であるコミュニティワーカー、そして援助方法として実践されるコミュニティワークに関する理解があらかじめ必要となるわけです。本章では、読者にこれらの全体像をつかんでもらえるよう、基礎的な理論を紹介し、それが今日の社協においてどのように運用されているのかを眺めてみます。なお、本書と併せて、社協に関する専門書などの各種文献、また社協が発行する機関誌・ホームページなどの資料も読み進めることが望ましいでしょう。

1.1　コミュニティワークとは

　私たちは誰でも地域社会のなかで住民として日常生活を営んでおり、またそこに仕事や勉強、社会活動の機会を求めています。できる限りその地域で快適に暮らしたいと願わない人はいないし、そこに愛着があればあるほど長い年月暮らし続けたいと願うのではないでしょうか。私たちがそう思う要因は、地域を見渡してみるとさまざまです。自分の地域の「暮らしやすさ」を規定するのは、「家族との生活や親戚・友人との交流のしやすさ」「交通の便」「買い物や趣味の活動のしやすさ」「自然環境」「地域固有の文化」などでしょう。逆に、「もっとこうだった暮らしやすいのに……」と思っていることもあるはずです。例えば「駅が遠い」「急な坂道がある」「治安が悪い」「夜中に騒ぐ若者たちがいる」「人間関係のいざこざがある」などは、地域生活の「暮らしにくさ」の要因となります。

　住民がもつ地域生活上の課題はさまざまですが、とりわけ何かのきっ

かけで孤立してしまったり、高齢や心身の障害のために自力での生活が困難になったり、子育てなどの不安から一人で思い悩んでいたりすると、上のような「暮らしにくさ」は一層深刻なものとなるでしょう。他にも、失業や低所得によって最低限の生活が維持できない人や、国籍・出身地や難病などによって社会からいわれなく排除されがちな人にとっては、差別という目に見えない障壁が、地域との間に距離をつくってしまいがちです。

そのような多様な地域課題に関して、不利な状況に置かれがちな当事者をエンパワーメントし、彼らを組織化して集団的な問題解決を支援したり、住民参加による活動を促進し、地域全体の福祉意識を高めたり、行政や関係団体に交渉して環境改善を図ったり、また社会資源をつなぎあわせたり、場合によっては法律や制度の改廃・創設を求める等と言った活動が必要です。こうした活動を専門的に行う援助者を「コミュニティワーカー」と言い、こうした援助を「コミュニティワーク」と呼びます。この援助技術には、地域に埋もれがちな「声なき声」を見つけ出すことや、活動を効果的に行うために住民の手による計画づくりを支援したり、ボランティア活動を支援することも含まれます。

1.2　援助技術論としての形成過程

コミュニティワークのルーツは、19世紀以降のCOS（慈善組織化）運動やセツルメント運動に端を発するものです。すなわち、一部の富裕層や篤志家の慈善による救貧活動が、極端に言えば無計画・無秩序に行われていた状態から、組織的・客観的な規範に基づく援助活動へと発展し（前者）、またスラムなどの貧困地域に拠点を置き、社会教育なども視野に入れた活動へと展開（後者）していきました。

そのような実践の集積はやがて、地域社会に対する援助方法として体系づけられ、とりわけ20世紀初頭からアメリカにおけるコミュニティ・オーガニゼーション、つまり地域組織化として精練されていくことになります。当時のアメリカが抱えていた問題として、世界恐慌や世界大戦を背景として伝統的なコミュニティの崩壊、つまり地域社会の人びとを

つないでいた連帯感や共通の利害関係が失われ、さまざまな社会問題を生じさせていたことがあり、そこに社会福祉の必要な当事者や諸資源を組織化し調整を図る援助方法が求められました。ところがコミュニティ・オーガニゼーションは「組織化」や「連絡・調整」を核とした方法という狭い枠には収まりきらず、ニーズに合わせるようにして「計画づくり」「調査」「財源確保」「教育・広報」等と、活動の幅を広げていくことになります。そのようにして、今日のコミュニティワークが形成されていきました。

1.3　援助技術としてのコミュニティワーク——機能とプロセス

　さて、今日のコミュニティワークにはどんな方法があり、どんな役割を果たしているのでしょうか。岡本栄一は、「コミュニティワークの機能」として、①地域の**調査・診断**の機能、②福祉ニーズと社会資源間の**連絡・調整**の機能、③地域住民や福祉関係者の**学習・訓練**の機能、④福祉問題を直接担う当事者や住民の**組織化と支援**の機能、⑤広報などによる**情報提供**機能、⑥福祉サービス等の**企画と開発**の機能、⑦**ソーシャル・アクション（社会活動）**の機能、⑧地域福祉**計画**を立案する機能（強調は筆者）を挙げています。[1]つまりコミュニティワーカーは、これらの援助技術を用いて問題状況の改善・克服や住民の意識高揚を図る専門家です。言うまでもなくそこには"万能薬"のようなマニュアルは存在せず、状況変化に応じて選択、または組み合わせる柔軟さこそが肝要です。とは言え、その基本的な援助過程には概ね共通点を見出すことができます。表1.1は長渕晃二によるプロセス・モデルです。[2]ここでは、コミュニティワークの展開は、①問題や社会資源を探る、②問題解決の必要性を知らせる、③問題解決に関わる人を集める、④問題解決の方法を考える、⑤要求運動やサービス開発、ネットワーク活動をおこす、⑥活動を振り返る、とされています。

　第一の段階は、当該地域がどんな問題に直面しており、住民がどのような解決を望んでいるか、また必要な資源・潜在資源にはどのようなものがあるか把握・分析する段階です。ソーシャルワークにおけるインテー

表1.1　コミュニティワークの援助過程（プロセス）モデル

援助の段階	具体的な活動の例
1 問題や社会資源を探る	情報収集（既存資料や各種メディアから／職場や関係機関・団体から／日常の業務を通じて／アンケート・事例分析／フィールドワーク・集団討議による調査活動／ワーカー自身の日常生活を通じて） 地域診断（マッピング等によるアセスメント……バリアフリーマップ／社会資源マップ／住民行動マップ／地域人材マップ／要援護者マップ 等）
2 問題解決の必要を知らせる	ベテランワーカー・地域リーダーに／当事者を講師として／口コミ（口コミボランティア）／機関紙づくり（全戸配布、会員対象、登録ボランティア対象、福祉協力員会が発行するもの、社協運営の施設が発行するもの、社協ホームヘルパー対象）
3 問題解決に関わる人を集める	問題点について詳しい人（当事者、代弁者＝専門職、ボランティア）／問題点の分析ができる人（研究者・コンサルタント、専門職）／地域の社会資源に詳しい人（地域住民、専門職、団体・機関代表者）／他地域の解決策に詳しい人（研究者・コンサルタント、マスコミ関係者、専門職）／解決策のアイデアをもつ人（全アクター、研究者・コンサルタント、専門職）／関係者との調整ができる人（団体・機関代表者、地域リーダー、専門職）／解決策のまとめができる人（団体・機関代表者、地域リーダー、研究者）／解決策の文章化ができる人（専門職、研究者・コンサルタント）／解決策の広報ができる人（団体・機関代表者、マスコミ関係者）／解決策を実行できそうな人（研究者・コンサルタント以外）
4 問題解決の方法を考える（計画化）	意見を引き出す／解決策を練る／合意形成を図る
5 要求運動やサービス開発、ネットワーク活動をおこす	運動／サービス活動のしかけ役（既存組織へのはたらきかけ、新たなサービス提供者の組織化）／サービスを自らおこす
6 活動を振り返る	事後評価／関係者の労をねぎらい、互いにほめあう／成果をPR

長渕，2002をもとに作成

クからアセスメントそのものであり、岡本の指摘では「調査・診断」がこれに該当します。

　次の段階として、把握された問題状況を必要な人びとに適切に知らせなければなりません。先に挙げた「情報提供機能」がここで活用されるわけです。「必要な人びと」とは、支援の必要な当事者はもちろん、それを支える活動者、またそこにボランティアなどとして参画する一般住民まで、多彩です。

　第三の「問題解決に関わる人を集める」は、福祉施設や行政など専門機関、NPOをはじめ、当事者の家族・知人などインフォーマルな資源も含めて機能的なネットワークを形成する段階です。そのような諸資源を「組織化」し、「連絡・調整」を図ってニーズに結び付くように支援する機能が求められています。また第二・第三段階を通じて、個々バラバラで存在していた当事者の組織化も必要になります。概して彼らはパワーレスな状態で孤立していることが多いため、当事者同士のつながりや分かち合いのなかから問題解決への意欲を掘り起こし、実際の活動へと促す上では、支援者・団体等も含めた福祉教育・ボランティア学習などの「学習・訓練機能」も不可欠です。

　これらの段階を経て、具体的に問題解決活動を実践していくわけですが、参加者の意思統一を図らないまま、また役割分担や達成目標・時期などが不明瞭なまま取り組んだのでは、おそらくじゅうぶんな成果は得られません。「問題点(通常、多種多様な要因が複雑に絡み合っています)は何と何であり」「どのような状態をめざしたいのか（目標設定）」についての合意形成を図り、「そのためにどうするか（手段の検討）」、つまりいつ・誰が・どのように（資金・物品・知識・技術の活用など）取り組むか、それによって実現できそうなサービスは何か、などを決めていくこと、つまり「計画立案機能」や「企画・開発機能」が、第四・第五段階での課題となります。必要なサービスがなければ、開発の道を探らなければならず、そこで予算的な障壁があれば（あることが多い）、スクラップ・アンド・ビルド（予算構造を見直して、必要なところに必要な予算があてがわれるよう、組み替えを図る）や既存資源の再活用・機

能強化など、知恵を絞ることが求められます。制度的不備が問題となる場合には、改廃・創設を求めた「社会活動機能」を要する場合もあるでしょう。

　この一連の過程で中心となるのは、言うまでもなく"住民が地域をどう考えるか"であり、そのため住民参加は欠かせません。どんなことで日々困っているのか、どんなまちが暮らしよいと思うのか、また街角にどんな資源が眠っているか、最もよく知っているのは他ならぬ住民自身だからです。専門職者はその住民の想いの実現を側面的に支援することが役割であり、決して住民を代行するのではありません。したがって、計画の段階ではできるだけさまざまな立場の住民が参画し、地域のありようを彼らの手でデザインすべきですし、第六段階にみられるように、一連のコミュニティワークが住民にとって真に受け入れられるものか、地域の要援護者に届くものであったかを、住民の目線で評価することが大切です。これらを達成して初めて「住民主体」の地域づくりが進展するのではないでしょうか。

1.4　専門職としてのコミュニティワーカー

　コミュニティワークの技術の全体像を眺めてみたところで、いよいよコミュニティワーカー像についての説明に入ります。冒頭でも述べましたが、コミュニティワーカーとは、「地域社会の社会問題について、地域住民の主体性を高めつつコミュニティワークの技術を用いて、住民自ら、それらの問題を明確化し、解決していくことを側面的に援助していくソーシャルワーカー」[3]を意味しています。日本でこれにあたる仕事として筆頭に挙げられるものには、市区町村社会福祉協議会の福祉活動専門員やボランティアコーディネーターがあります。しかしながらケースワーカーなど他のソーシャルワーカーであっても、クライエント個人・集団を取り巻く環境への介入という点ではコミュニティワーカーとしての側面も求められますし、隣接領域の専門職であっても、多くの場面においてこの技法と無縁でいられないのではないでしょうか。たとえば保健師は地域保健の推進者として、地域福祉の専門職との連携が不可欠で

すし、広い意味においてはコミュニティワーカーに含めて考えられます。もし保健・福祉の専門職が連携することなく"縦割り"の援助活動をバラバラに展開したとすれば、サービスの受け手が一貫性のないサービス提供に悩まされることが容易に想像できます。この意味で、コミュニティワーカーは、社協の専門員のように広く地域の生活福祉問題一般を扱う人だけを指すのでなく、図1.1が表すように、「高齢者」「障害者」「公的扶助」など専門領域ごとのソーシャルワーカーが担う部分、他領域の専門家が担う部分、ボランティアなどとして関わる援助者・活動者が担う部分から構成されると言えます[4]。

　さらに、コミュニティワーカーを理解する手がかりとして、上野谷による分類はよく知られています（図1.2）。すなわち、より直接的・個別的なサービス提供を中心とする「ケアワーク群」、組織化サービスや政策的アプローチにより重点を置く「コミュニティワーク群」の軸による分類と、より専門職的であるものと、より住民のボランタリーな活動に分類する二軸によって四つの象限に表したものがそれです。これで見ると、コミュニティワーク群で専門性の高いものとして福祉活動専門員

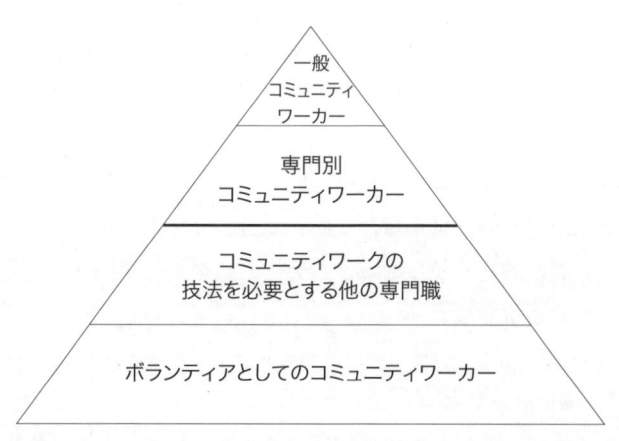

図1.1　加納によるコミュニティワーク・マンパワーの構成

高森・高田・加納・平野, 2003

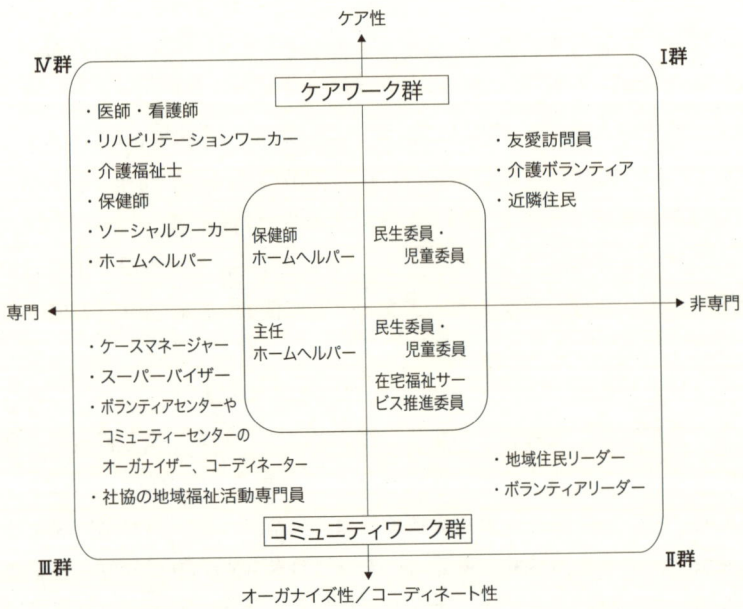

図1.2　上野谷によるコミュニティワーカーの類型

高森・高田・加納・平野, 2003

やボランティアコーディネーター、ケアマネジャーなどがあり、よりボランタリーなものとして地域住民リーダーやボランティアリーダーがコミュニティワーカーであるとされています。一方、ケアワーク群では、介護福祉士やソーシャルワーカーといった福祉専門職をはじめ、医師や保健師などが専門的立場から、友愛訪問員、介護ボランティア、近隣住民などが非専門的立場からコミュニティワーク機能を担うことを求められていると言えるでしょう。[5]

1.5　社会福祉協議会とコミュニティワーク

　以上のように、多様な主体や機関がコミュニティワークに幅広く携わることが、福祉の充実した地域を形成していくために欠かせないことがわかりました。ここでは少し話を戻して、地域福祉の第一線機関である

社協がどのようにコミュニティワークを用いるのかを概説して、本章を終わりたいと思います。

今日の社協の機能や事業について、社協が整理したものに「新・社会福祉協議会基本要項」（以下、新・基本要項と略）があります。この新・基本要項は、1990年の福祉関係8法改正における市町村の役割重視や在宅福祉重視などの改革の動きのなかで、1992年に策定されたもので、社協の新たな性格、機能・役割、組織、今後の方向などを示す活動指針です。[6]ここでは、社協の活動原則として①住民福祉ニーズ基本の原則、②住民活動主体の原則、③民間性の原則、④公私協働の原則、⑤専門性の原則が示され、それに基づき、次の7点が社協の機能として掲げられています。すなわち①住民ニーズ・福祉課題の明確化および住民活動の推進機能、②公私社会福祉事業等の組織化・連絡調整機能、③福祉活動・事業の企画および実施機能、④調査研究・開発機能、⑤計画策定、提言・改善運動機能、⑥広報・啓発機能、⑦福祉活動・事業の支援機能、です。

さらに、市区町村社協には、上の機能を発揮して取り組むべき重点事業として、次のように挙げられています。①福祉課題の把握、②住民、当事者、社会福祉事業関係者などの組織化、支援、③ボランティア活動の振興、④福祉サービス等の企画・実施、⑤総合的な相談・生活支援活動および情報提供活動の実施、⑥福祉教育・啓発活動の実施、⑦社会福祉の人材養成・研修事業の実施、⑧地域福祉財源の確保および助成の実施、の8点を、地域の実情に即して進めるというものです。

つまり、今日社協はこれらの指針に沿ってコミュニティワークを展開し、地域福祉活動を進めていると言うことができます。それらは、ワークショップやアンケートなどのニーズ調査、住民によるボランティア活動やNPOの育成・支援、当事者や資源の組織化・ネットワークづくり、各種の相談援助、福祉祭りやボランティアフェスティバルなど各種行事の企画・運営、在宅介護支援センター業務やホームヘルプサービスなど在宅福祉サービス事業、機関紙やインターネットなどを通じた広報、福祉教育やボランティア体験学習などの啓発・普及活動、人材育成活動など、今日的なコミュニティワークの活動に具現化されています。

1.6　社会福祉協議会実習に向けて
——知っておくべき"基礎知識"と"地域状況"の理解

　本章を通じて、コミュニティワーカーとコミュニティワークの方法の全体像を見てきました。実習という機会を得て社協に関わろうとする学生にとって、本章で紹介した内容はいわば現場に入るための"基礎知識"と言えるでしょう。ここで言う「現場に入る」ということは、社協組織の中に一定期間身を置かせてもらうということだけを意味するのでなく、それが存する「地域に入る」ということを含んでいることに注意して下さい。そのためには、"基礎知識"の上に、地域固有の状況を調べておく必要があるし、社協ごとに状況の異なる実践の内容を知る必要があるでしょう（図1.3）。たとえば、A市社協に行くのであれば、最低限次のようなことは事前に調べておくべきです。「A市の人口」「年齢構成（高齢化率・少子化率など）」「産業構造や地域の特性（商業地域なのか工業地域なのか、あるいは都市近郊の新興住宅地なのか山間部の農村なのかなど）」「どのような問題を抱えているのか（ひとり暮らしの高齢者やひきこもりの人はどれぐらいいるか、母子家庭や父子家庭の状況はどうか、障害者が地域に参加できる心理的・物理的条件はそろっているか、旧住民と転勤族はうまく協力しあっているか、外国人は溶け込めているか、被差別地域の人が排除されていないか、ホームレスの状況はどうなのか、非行や犯罪はどうかなど）」「社会資源にはどんなものがあるのか（活発な住民活動やNPOにはどんなものがあるか、自発的なサロンや見守り活動などはあるか、公民館や集会所などの拠点は利用しやすいか、民生委員や福祉委員はどんなことをしているか、在介や他の福祉施設、機関はどのように連携しているかなど）」「地域の歴史や文化・価値観」そしてそれらをふまえて「社協はどのような事業や活動をしているか、その組織的な特色は何か」などです。

　こうした情報を予め仕入れておくことで、地域のニーズに対する援助実践のダイナミズム（力動）が分かりやすくなりますし、より内容の充実した社協実習ができるでしょう。仮に地域の実情もよく分からないまま日々受け身的に過ごして、指示された業務を漫然と消化するだけでは、

およそ社協の役割もコミュニティワークの大事さも、ひいてはその醍醐味や面白さも理解できずに実習最終日を迎えることになるかも知れません。

さて、次章以降では、さまざまな実習準備を進めるなかで、そのような基礎知識と実習先の社協および対象となる地域についての理解を深めていくことになります。事前準備を十分にしながら、自分なりの問題意識や関心をもって現場に臨んで下さい。

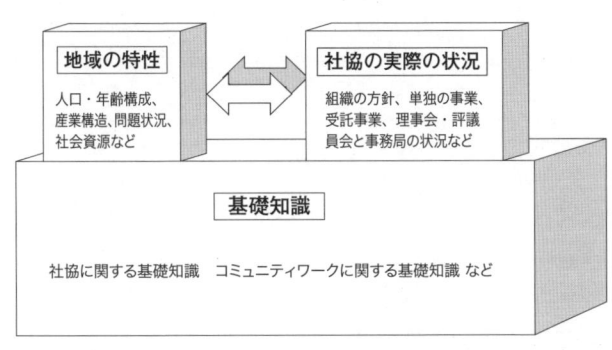

図1.3 社協実習に必要な事前知識

【注】

1 松永俊文・野上文夫・渡辺武男編著，2002，『新版 現代コミュニティワーク論』中央法規，p.82.
2 長渕晃二，2002，『コミュニティワーカー実践物語』筒井書房，pp.41-57.
3 山縣文治・柏女霊峰編，2001，『社会福祉用語辞典（第2版）』．
4 高森敬久・高田眞治・加納恵子・平野隆之，2003，『地域福祉援助技術論』相川書房，p.98.
5 同，p.97.
6 山口稔，2000，『社会福祉協議会理論の形成と発展』八千代出版，p.200.

第Ⅱ部

（基礎編）実習のための基礎知識の向上

第2章　社会福祉協議会実習を履修するにあたって
——心構えと基礎知識の向上

　日本において社会福祉援助技術現場実習は、一般的に期間集中型（夏休み）の実習が主流となっています。しかし実際、社会福祉協議会の実習を機関集中で行うと、決まった時期の決まった活動にしか参加できないというデメリットがあるのです。社会福祉協議会は地域のニーズに合った多様な活動を時期を変えて行っていますから、活動全体の概況を理解するにはむしろ通年型の長期実習が向いているのです。通年型実習は学生にとって多様な活動に参加が可能となるだけではなく、地域住民との信頼関係作りといった活動もじっくり時間をかけて行う事が可能となりますから、その意味でもメリットは大きいと言えます。

2.1　社会福祉協議会実習配属の流れ

　以上のような理由から、関西学院大学社会学部社会福祉学科では通年実習を奨励しています。しかしながら、すべての実習先が通年で学生を受け入れてくれるわけではありません。また学生が、授業やサークルの都合で通年型実習が不可能であったり、一時期に行われる活動や行事などに集中的に参加したいといった理由で通年実習を希望しない場合もあります。ですから社協の実習配属において、学生の希望と社協の提供する実習内容とを一致させる「マッチング」が非常に重要なのです。

　そこで関西学院大学社会学部社会福祉学科では、社会福祉協議会で実習を希望する学生の為に特別な配属プログラムを実施しています。これによって学生に「社協で何をしたいのか」を深く考えさせ、学生の実習動機と社会福祉協議会が提供できる実習プログラムとをうまくマッチングさせているのです（図2.1参照）。

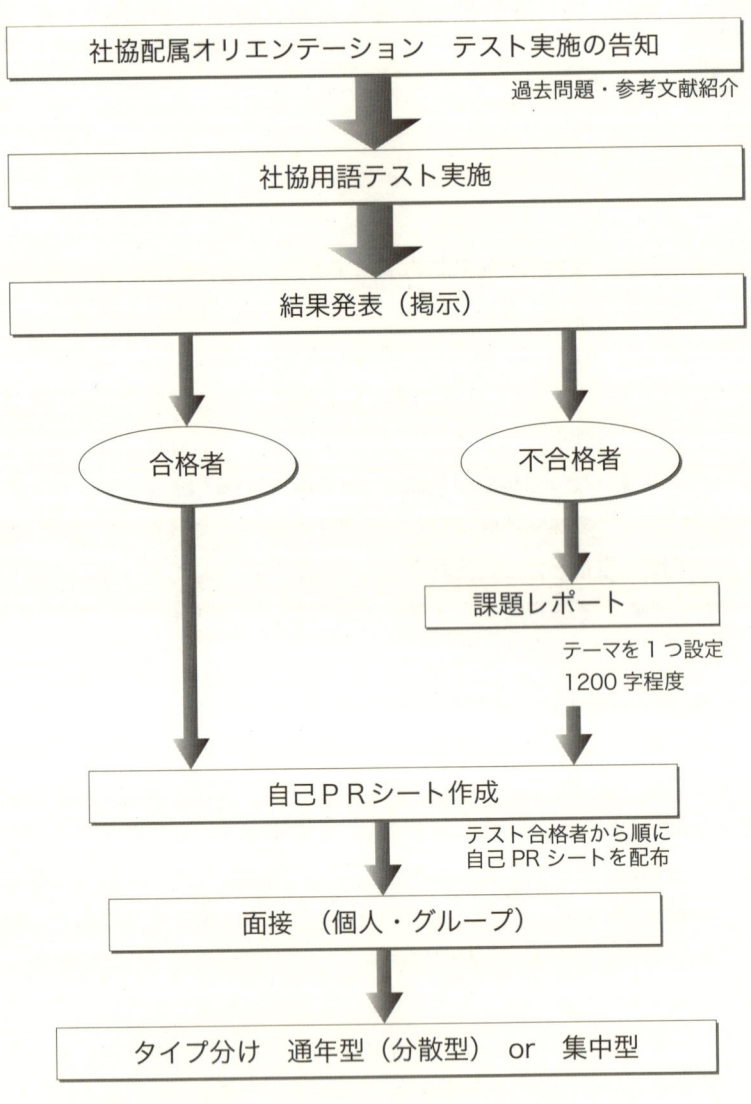

図 2.1　社会福祉協議会　実習配属の流れ

2.2　実習配属に向けての 4 つの関門
　　　　　　　　　　——実習への心構えと基礎知識の向上

　図 2.1 から分かるように、社会福祉協議会の配属実施において学生は 4 つの関門をくぐり抜けなければなりません。

① **用語テスト**
　社協実習に備えて覚えておくべき用語についてのテスト
② **課題レポート**（テストに合格できなかった者のみ）
　社協活動についてのテーマを 2、3 設定し、そのうちの 1 テーマについて 1200 字程度のレポートを作成。
③ **自己 PR シート**
　提供できる才能・能力、やってみたいことなどを社協に「売り込む」もの。
④ **面接**（個人・グループ）
　自己 PR シートを見ながら、社協で「何」を「どうしたいのか」を実習担当教員と面接を行う事により確認。

　①用語テスト
　例年、社協で実習を希望する学生の動機として最も多いのは「社協はいろんな活動を行っているので、いろんな経験ができる」というものです。もちろん多様性というのは社協の一つの特徴であることに間違いはありません。しかし、実習で「何」を「どうしたい」のかという動機があいまいな学生が多いという事実も否めません。そのような弱い動機付けでは、実習に行っても成功はありえませんし、何より受け入れ先にとって迷惑です。
　このようにあいまいな実習動機のままでは、配属を行う実習担当教員はどの社協が学生に合っているのかを決めることはできません。ですから、まず学生が第一にしなければならないのは、社協についての基礎知識を向上させ、「社協はどのような業務や活動を行っているのか」を理解し、「その中でも特に何に興味を持ち、やってみたいのか」を明確に

することです。

　その為に、学生には事前に社会福祉協議会の業務や活動について書かれたテキストを読み、テキストの中に出てくる重要な用語についての論述テストを受けます。テストに出された過去の問題を参考にして、どのような用語が問題になるのかというイメージ作りを行うとテストの準備がし易くなります。

> ◇過去の試験問題◇
> 2003年度［問題］次の用語について200字程度で説明をしなさい。
> 　①在介センター
> 　②地域ボランティア
> 　③地域福祉計画
> 　④共同募金
> 　⑤支援費制度
> 　⑥福祉協力校
> 　⑦要介護認定
> 　⑧地域ケア会議
> 　⑨主任児童委員
> 　⑩ケアマネジメント

　社会福祉協議会の実習配属には、この用語テストの結果が良い学生から実習配属先が決まるというオキテがあります。つまりテストが良い学生から順番に、例年実習配属を行っている社会福祉協議会のリストの中から希望の実習先を選べるという仕組みになっているのです。つまり学生の「自己責任」を追及した配属システムとなっているのです。

> **社会福祉協議会実習配属のオキテ**
> テスト合格者から順に配属先決定！

②課題レポート

　用語テストに合格できなかった学生には、1200字程度の課題レポートが課せられます。この課題は、用語テストで特に学生ができなかった問題に関連するものとなります。それによって学生は再度社会福祉協議会の業務や活動について知識をブラッシュアップするのです。大方の学生は一度レポートを提出すればそれで合格となりますが、理解が進んでいない学生はどこが間違っているのかについての説明を受けた後にレポートの再提出を行います。

③自己PRシート

　用語テストか課題レポートをクリアした学生は、自己PRシートを記入して提出します。自己PRシートは配属面接の材料となります自己PRシートには、社会福祉協議会の実習で具体的に何がしたいのか、もしくは実習生として社会福祉協議会に何が提供できるのかを資料の項目の中から選んで、その内容を具体的に記入します（資料2.2参照）。

④配属面接

　学生は自己PRシートを持って、担当教員と面接をします。その際に社会福祉協議会の実習で「何」を「どうしたいのか」を具体的に説明します。実習担当教員は学生の目標を汲み取り、通勤可能な範囲で希望に適う社会福祉協議会をリストの中から探します。適当な社会福祉協議会が見つかれば、教員は学生にその実習内容と活動の特徴を説明し、その上で合意が得られれば実習配属先決定となります

　この面接は、担当教員が実習配属を行う事だけを目的としているのでは無く、学生が実習に関して感じている不安や抱えている問題などを理解する事も重要な目的となります。教員は心を開いて学生を待っていますから、学生はできるだけこの面接で心の内を教員に打ち明けるようにしましょう。

2.3 まとめ

　ここで紹介した4つの関門は、決して楽なものではありません。しかしこれらを突破できれば、社協での実習において必要な基礎知識を得て、具体的に実習で何をするのかがイメージできることでしょう。そしてそのようなイメージを教員が把握し、それに合った配属先を用意できれば、学生側に大きなメリットのある実習配属が可能になります。ですから学生の皆さんには、しっかり準備してこの4つの関門を元気に潜り抜けて下さい。

資料 2-2　社会福祉現場実習　社会福祉協議会コース　自己PRチェック

(1) 私は、次の項目について指導・実行できる能力があると思います。（できるものすべてに○印をし、その内容について簡単に説明しなさい）

① 話芸（プレゼンテーション、英会話、朗読、落語、漫才など）

② 音楽（歌唱、楽器演奏、作曲・編曲など）

③ 創作（絵画、イラスト、クラフト、折り紙、陶芸、など）

④ 文章力（文章表現、新聞制作など）

⑤ 作法（書道、茶道、華道など）

⑥ メディア・リテラシー（メール管理、ホームページ管理、集計・表計算など）

⑦ その他（演劇など）

(2) 実習でやってみたいこと

① 実態調査や意識調査などの設計及び実施、集計など

② 広報紙やニュースレターやチラシなどの作成、配布など

③ 計画策定などの事務作業、委員会運営の補助

④ 研修会、学習会、講演会などの教育活動、ワークショップなどの企画と開催

⑤ スポーツ大会、音楽コンサート、文化祭、バザーなどの企画と実施

⑥ その他（資料や記録の整理など：　　　　　　　　　　　　　　）

(3) 自分の自信のないところは？

① 対人関係のつけ方（話ベタ、人見知り、協調性のなさなど）

② 文章表現や文章作成の力がない

③ 計画を立てたり、見通しをもって行動すること

④ 収支の計算、合理的な経済観念が弱い

⑤ 芸術的な素養がないのではないか？（絵画など）

⑥ 音楽的な才能がないのではないか？（音痴など）

⑦ スポーツなど運動神経が鈍い

⑧ 機械の操作、パソコンなどの活用が苦手だ

⑨ 車の運転や自転車などの操作が苦手だ（できない）

⑩ 動植物の世話などが苦手だ

⑪ 料理、裁縫など創作することが苦手だ

⑫ その他（　　　　　　　　　　　　　　　　　　　　）

(4) 現在、社協が行っている事業のうちアシスタントとして経験してみたいこと

① デイサービス（高齢者・障害者向け）の補助

② 給食サービスの調整や補助

③ 入浴サービスの補助

④ ふれあいサロンなどの企画と実施の補助

⑤ 広報紙、ニュースレター、チラシなどの作成補助

⑥ ボランティア相談などのケースや事例や記録などの統計整理

⑦ その他（　　　　　　　　　　　　　　　　　　　　　　）

第3章　社会福祉協議会活動ウルトラクイズ

　社協の実習事前指導は、学生が大学で学んだ知識と技術を実習現場で存分に発揮し実践技能を磨けるよう訓練するのが目的です。ですから特に実習生の自主的な参加意欲を高めて実践的な訓練が行えるようにワークショップ中心の授業形態をとっています。しかしながらワークショップ中心の実習指導は実践的である一方で、学生が社協の活動等についての知識の増進の為の訓練を疎かにしがちです。ですから第2章で紹介したように、実習指導を行う前の配属時に社協で頻繁に使われる用語テストを実施して事前に知識をつけるように働きかけていますが、テスト前だけ勉強して後は勉強しないといった学生がいるのが事実です。

　以上の理由により、楽しみながら知識を磨く方法として関西学院大学社会学部社会福祉学科では、社協の活動についてのウルトラクイズを実施しています。ウルトラクイズは基本的に3人～5人一組程度のグループで行います。ウルトラクイズを通して、メンバー同士で助け合いながら問題解決を行うといったグループワークのテクニックを学ぶことができるからです。また、ウルトラクイズは基本的に屋外で実施します。屋外の方が開放感があり、楽しんで実施できるからです。ウルトラクイズの実施により、学生は屋外で体を動かしながら、同時に頭を使って社協の活動についての知識を深める事ができるのです。

　学生の事前学習への意欲をより向上させる為に、優勝グループには副賞、最下位グループには罰ゲームが与えられます。特に罰ゲームは、恥をかかせるような種類のものではなく、社協での実習に直接役立つようなもの、例えば「デイサービスで高齢者と一緒にできる簡単なレクリエーションを考えて、皆の前で実践しなさい」といったものが効果的です。まさに「敗者が勝者」になる罰ゲームなのです（第6章参照）。

3.1 ○×クイズ

　まずウルトラクイズのオープニングで行うのが○×クイズです。ウルトラクイズの司会者（教員）は、社会福祉協議会の活動に関する質問で○か×で答えられる質問を出題します。学生は1分間考える時間が与えられ、グループで○か×かの解答を出します。解答を考えた後に○か×のセクションに移動し、1分が超過したところで司会者が○と×のセクションの間にロープを張って境界を明確にします（図3.1参照）。そして司会者が○か×かの解答を発表するのですが、そのときに司会者は単に○か×かの解答のみ発表するのではなく、その根拠をしっかり説明しなければなりません。根拠の説明によって、正しい答えを選んだグループの学生も解答を間違ったグループの学生も、自身の知識を深めることができるからです。○×クイズは1問正解するとチームに20点が加算されます。

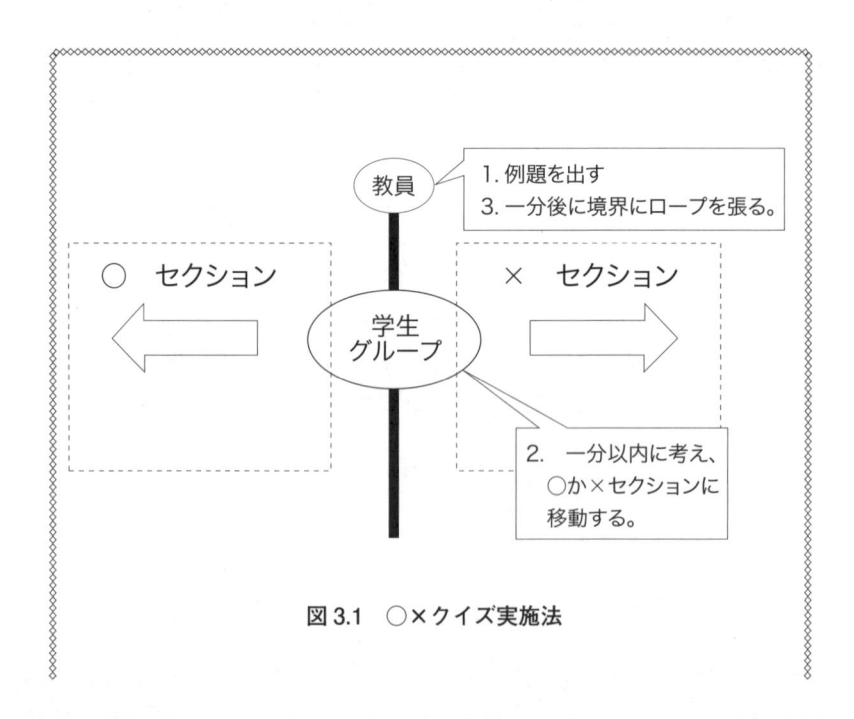

図3.1　○×クイズ実施法

過去に出題された○×クイズの例題（正解はP.43）

Q.1 「ふれあいのまちづくり事業は、市区町村が実施主体となり、社協、地域住民、福祉関連施設機関との連携を進めていく事業で、行政の新たな役割を目指したものである。」この文は正しいか？

Q.2 1990年代以降に市区町村社協のあり方として全社協が提起している「事業型社協」とは、在宅福祉サービスの提供をその主体としている。

Q.3 「ボランティアセンターは、より多くの人にセンターを利用してもらえるようにすべて無料であり、その財源は公費、社協会費、共同募金などによって成り立っている。」この文は正しいか？

Q.4 「ふれあい・いきいきサロン」は、高齢者、精神障害者、子育て中の母親など参加する誰もが気軽に参加できる仲間作りの場となっていますが、現在社協によって設置されたサロンは全国で20,000カ所を超える。

Q.5 昭和37年に徳島県と大分県に設置された「善意銀行」は、現在のボランティアセンターの原型である。

3.2 バラマキクイズ

　バラマキクイズは、大学キャンパス内に隠された問題用紙を探し当て、それに答えるというゲームです。問題の種類は○×クイズとは異なり、社協の活動に関する知識だけでなくそれを使って論理的に思考するタイプ（例えば社協が現在直面している課題に対して学生なりの解答を考える等）のものとなります。問題の書かれた用紙は4等分され、それはキャンパス内の一定の場所に隠されます。司会者の合図の後、学生はそれを

探し出し、4つの紙切れを合わせて書かれている問題の解答を考えます（図3.2参照）。その答えが分かったグループは、司会者のところに戻ってきてその解答を説明します。もしその答えが間違っていた場合は3分間のペナルティーが与えられ、3分後に再度解答することが許されます。バラマキクイズは配点が大きく、1位のグループに100点、2位のグループに50点、3位のグループに30点が加算され、3位のグループの解答が終わった時点で終了となります。

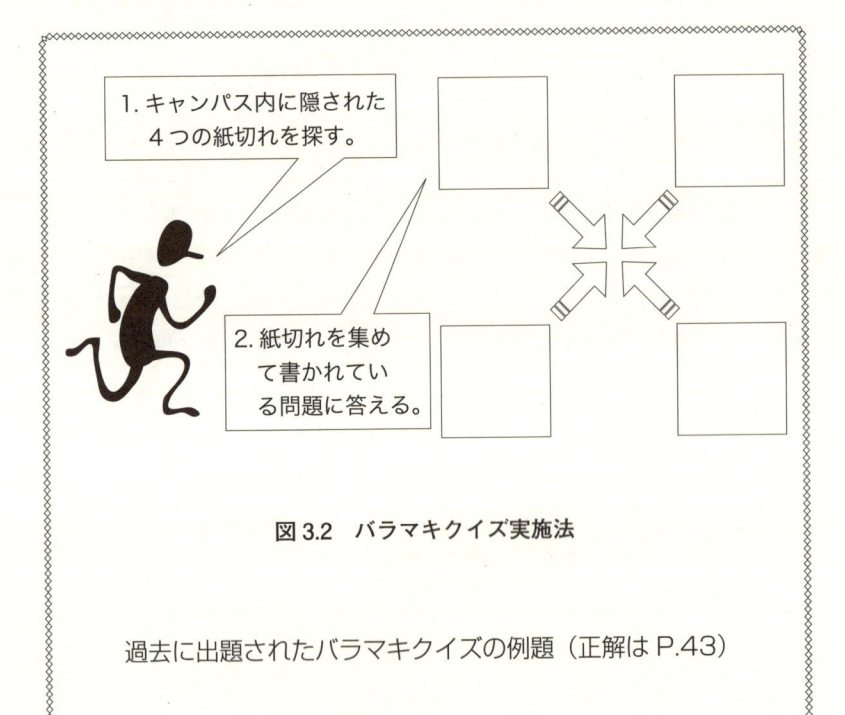

1. キャンパス内に隠された4つの紙切れを探す。

2. 紙切れを集めて書かれている問題に答える。

図3.2　バラマキクイズ実施法

過去に出題されたバラマキクイズの例題（正解はP.43）

Q.1　ふれあい子育てサロンを実施することにより期待される効果（ポジティブ）を3つあげなさい。

Q.2　地域福祉権利擁護事業を社協の活動として実施する際に注意すべき課題を一つあげなさい。

3.3 早押しクイズ

　ウルトラクイズの最後は、テレビ番組で行われていた本家本元と同様に早押しクイズです。解答が分かったグループは挙手を行い、それが最も早かったグループが解答権を得る事ができます。問題は、第5章で説明する社会福祉協議会活動マップの区分けに従って、①高齢者支援活動、②地域福祉活動、③児童福祉活動、④ボランティア支援活動、⑤在宅福祉事業、⑥障害者支援活動、⑦その他の活動　の7種類で、それぞれ10点問題と50点問題があります。もし解答を間違った場合、それぞれの配点分（10点問題　マイナス10点、50点問題　マイナス50点）だけグループの獲得合計点か引かれてしまいます。また、50点問題の中に一発逆転可能なもの、例えば「50点×2倍の得点が得られる」「50点を好きなグループから奪う」などを入れておけば非常に盛り上がります。

過去に出題された早押しクイズの例題（正解はP.44）

高齢者

Q.1 社協が開発・提供している高齢者への福祉サービスとしてあてはまらないのは？
　　①ふれあい型食事サービス
　　②就職斡旋
　　③移送サービス
　　④福祉機器の貸し出し

ボランティア

Q.2「ボランティア活動は、市民が主体的に社会の課題を発見し解決していく、非専門的活動である。」この文は正しいか？

在介

Q.3 相談等、待ちの姿勢ではなく、積極的に在宅訪問等により介護ニーズを把握する姿勢を「何リーチ」というか？

児童

Q.4 社協が行っている児童ふれあい交流事業として代表的なものは、「自然とのふれあい」、「外国人とのふれあい」、そしてもう一つは誰とのふれあい？

地域

Q.5 「小地域ネットワーク活動」は、日常生活を送る上で何らかのサービスを現に活用している人、あるいはこれから活用する可能性が高い人などを日常的に見守るネットワークの形成をはかることを目的とした活動ですが、その活動の中心となるのは、社協の民生委員と誰？

障害

Q.6 社協が行っている障害者へのサービスには、福祉機器の貸し出し、移送サービスなどがありますが、その一つであるレスパイトサービスとはどのようなサービスか？

その他

Q.7 「心配ごと相談所」の運営主体となっているのは、県社協、それとも市区町村？

○×クイズ 解答

A.1 ×（事業の主体は市区町村の社協で、行政では無い。）

A.2 ×（「事業型社協」は、在宅福祉サービスの提供だけでなく、住民参加による新たなサービスの開拓、ネットワークの構築、行政への提言を行う。）

A.3 ×（全く負担がないという事はない。「ボランティアはすべてが無償」という誤った考えを誘発する可能性があることから、参加者には研修費、郵送料、コピー費などを負担してもらっている。）

A.4 ○（平成13年度以降）

A.5 ○（平成13年度以降）

バラマキクイズ 解答例

A.1 1 子育てを行っている者通しで悩みを共有できる。
　　2 子育てについての知識を共有できる。
　　3 子育てのストレスを軽減できる。
　　　（他様々な解答が可能）

A.2 地域福祉権利擁護事業は、高齢者や障害者等の判断能力が不十分な者が自立した生活が送れるよう、利用者との契約に基づき、福祉サービスの利用援助等を行うものです。あくまでも契約によるサービス提供であるので、契約どおり確実に履行されることが重要です。利用者に良かれと思って行うサービスも契約に沿っていなければ後日

トラブルが起きる可能性があるので注意する必要があります。

早押しクイズ 解答

A.1 2（福祉人材センターなどで福祉系の職業紹介を行っている社協は存在するが、高齢者に対しての就職斡旋は、ハローワークやシルバー人材センターなどが行っている。）

A.2 ×（ボランティアは、自発的に社会の課題を発見し、解決して行く活動だが、専門知識・技術を活用し、事業体とも言える活動を行っているボランティア団体もある。）

A.3 アウトリーチ（相談事業の一つの手法。相談機関等で、来談者が相談に訪れるのを待つのではなく、家庭訪問などにより積極的に外に出て相談活動を行い、ニーズ把握をする方法。）

A.4 高齢者

A.5 地域住民（地域住民がその活動の中心となり、民生委員などがキーパーソンとなってすすめられるものである。）

A.6 レスパイトサービスとは、障害者の介護に疲れた家族が、一時的な休息を目的に、施設または在宅で介護を行うサービスである。

A.7 市区町村（「心配ごと相談所」は民生委員が相談の主体として設置されている、地域に開かれた民間の相談機関である。）

第4章　視聴覚教材等を用いた現場のイメージづくり

　実習に行く前に、自分が行く施設がどんな施設か、あらかじめ調べない人はいないでしょう。でも、そこで調べ方が十分でないと、実際に行ってみてから「こんなところだと思わなかった」「本で読んだ印象と違う」ということになりかねません。したがって、「どんな手段で」「どの程度まで」調べるかが問題となります。

　基礎的な知識（第1章参照）は教科書や文献で得ることが可能です（……もしこの労を惜しむ人がいるとすれば、その人は実習にはいかないほうがよいでしょう。当たり前のことですが、忙しいさなかに受け入れ、指導してくれる施設の方々に失礼ですし、何より深刻な生活問題を抱えて窓口に訪れているかもしれない利用者にとって、こんな迷惑なことはないからです）。業務内容、職員構成、関連法令等、一般知識は必要最低限蓄えていくとしても、その上に個別的な状況について把握しておくことが必要です。言うまでもないことですが、同じ種類の施設（社協）であっても、社会福祉施設は一つ一つ異なります。同じ社協は二つとして存在しないのであり、第1章でも述べたように、地域特性、利用者層、社協の独自的な事業等についてあらかじめ知っておかなければ、実習が始まってから周囲のペースに合わせられず戸惑うことになるでしょう。たとえて言えば、車で高速道路を走ろうとする時、進入口を走行する間に本線を走る車の速度に十分合わせてから合流するのと似た感覚と言えるでしょう。そこで本章では、基礎知識の上にさらに実践的な理解を進めるために、「実習先の○○社会福祉協議会」についてイメージづくりのための視聴覚ツールを紹介します。

4.1 ビデオ教材

　文献等で理解したことに加え、ある程度具体的なイメージをもって実習に望むためには、ビデオ教材は比較的手軽なツールです。たとえば社協活動一般に関する教則本的な内容のものや、ある社協が独自に自団体を紹介するもの等は活動の全容が把握しやすく、また事例等を通して活動の具体的なイメージをつかむことができます。また、小地域ネットワーク活動、住民によるまちづくり活動等、特定のテーマに焦点を当てたビデオや、民生委員、ボランティア等担い手の活動を紹介するものもありますので調べてみましょう。

　大学の図書館や資料室にあるものについては積極的に閲覧しましょう。またたとえ図書館等に置かれていなくても、できれば窓口で問い合わせて置いてもらうぐらいの行動力・交渉力は、社協で実習する学生には備えてほしいものです。

4.2 インターネット

　社協に限らず、多くの社会福祉施設でホームページを開設しています。それらを事前にチェックしておくことは、今や当たり前のこととなりました。自分の実習先はもちろん、他の社協のホームページを見ても参考になります（実習先が独自のホームページを開設していない場合は尚更そうでしょう）。また、全国社会福祉協議会や都道府県社協のホームページも見てみると、広域的な方針・施策や県・市の範囲を超えて行う事業等も分かりやすく紹介されています。また、個人が開設しているホームページで役に立つ情報が豊富なものも珍しくなく、これらについては検索サイト等で根気よく探してみるとよいでしょう。

　また、地域の特性や課題を調べるために忘れてならないのは、自治体のホームページです。統計資料等によって人口構成や障害種別人口の傾向、各種施策、行政計画、条例等の概要をつかんでおけば、それらと社協の活動との関連を知る糸口もみつけやすいはずです。

　ここではそれらのうち、市レベルの社協のホームページの主な内容を紹介します。多くの場合、社協のホームページを開いてまず目に飛び込

んでくるのは活動メニュー（事業概要）でしょう。地区福祉委員会や小地域ネットワーク活動、ふれあいサロン・子育サロン等の地域福祉活動のほか、地域福祉権利擁護事業、生活福祉資金貸付事業等、各種事業が紹介されています。また、ボランティアセンターやボランティア・ビューロー等のコーナーでは、利用案内とあわせてボランティア団体の情報も豊富で、どのような活動が地域で活発なのか、という傾向が分かります（裏返せば、住民がどのようなニーズを持っているかも推し量ることができるわけです）。事業型の社協の場合は、在宅介護支援センターやデイサービスセンター、ホームヘルプサービス、乳児保育・障害児保育等、取り組みに応じて紹介がなされています。

　上のような、常時行われている事業以外にも、行事や住民懇談会等の参加呼びかけも見逃せません。ボランティア・フェスティバルのようなイベントについては、どのように開催されているのか、どのような団体が関わっているか、開催を通して社協が何をねらっているのか……等、調べるべきポイントはたくさんあります。また、住民懇談会のような住民と社協がダイレクトに接する場面では、住民のニーズ調査、住民組織化、福祉教育・啓発、計画策定、事業評価等、地域への援助活動のさまざまな局面が集中します。ホームページで開催日時や申し込み方法等をチェックし、参加や傍聴等させてもらうとよいでしょう。

4.3　先輩の報告レポート

　自分が行くことになる社協がどのような事業を行っているのかを概ね把握できると、それを踏まえて、どのようなプログラムで実習できるのか、が現実的な関心となることでしょう。先輩の報告レポート（大学によって、CD-ROM等で報告集を出しているところもあれば、冊子・ファイルのものもある）には必ず目を通すようにしましょう。「施設概要」「実習内容」等がまとめられています。同じ学生の目線で書いたものなので、実感も湧きやすいし、よい意味で緊張感を持って望めるのではないでしょうか。

4.4　地元の社会福祉協議会の活動メニューが一覧できる冊子

　近隣の社協がどのような活動をしているのか、容易に情報収集する方法があることをご存知でしょうか。当該自治体における社協の概況が一覧できる冊子がそれで、都道府県社協が発行していることが多いです。実習先を選ぶ時、自分の関心のある活動をどの社協がどのように行っているのか、また交通の便はどうか、等と比較検討する上で非常に役に立つものですから、一度は手にとって見てみることをお勧めします。

　例えば大阪府社会福祉協議会は、「市町村社会福祉協議会概況一覧」[1]を発行しています。第1部「市町村社協便覧」と第2部「概況一覧」から構成されており、主な内容は次のとおりです。第1部では、府下約40の社協について、「連絡先・地図」「地域の概況（人口、世帯数、高齢化率等）」「部会・委員会・懇談会等」「理事会・評議員会」「財政」「地区福祉委員会（委員会数、小地域ネットワーク活動等）」「住民・当事者・福祉活動への支援（各種団体、ボランティア、当事者組織等）」「職員の状況（職員構成、資格、相談事業）」「ふれあいのまちづくり事業指定状況」「ボランティア活動拠点事業」「計画策定状況」「分野別事業実施状況（地域組織化事業、在宅援助事業、委託事業等）」「機関紙の発行」「パンフレットの発行」「ホームページの掲載内容」「他機関との連携」「資金（生活福祉資金等）」「募金・善意銀行・収益事業実績額」「福祉基金・ボランティア基金」「会費」「組織構成会員」という項目ごとに活動状況を知ることができます。また第2部では、これらの個別の項目についての各社協の状況（例えば、ふれあいのまちづくり事業の指定状況、地域福祉計画の策定状況等）を比較できるようになっています。

　本章では、教科書レベルの基礎知識をさらに一歩進めるための4つの手段を取り上げました。ここまでは、言ってみれば事前学習の中でも座学にあたります。この次にはいよいよ自分で社協に出かけていき、社協とはどういうものか、職員やボランティアはどのような動きをしているか、地域課題に対してどのような取り組みがなされているか、調べてみる過程に進みます。

【注】

1 大阪府社会福祉協議会,『平成 16 年度市町村社会福祉協議会概況一覧』.

第Ⅲ部

（実践編）コミュニティワークのスキルを身につける

第5章　地域見学とマッピング技法による社会福祉協議会活動・社会資源の分析

　社会福祉協議会で現場実習を行う学生にとって、配属先である社協の活動とその地域について事前に知識を持っておく事は極めて重要です。それらについての知識を持った上で実習を開始する学生と、すべて下調べしてから開始する学生とではスタートの時点で大きな差がついてしまい、それは最終的な実習課題の達成にも影響します。

　実習で良いスタートを切るために、社協の活動と地域について事前に情報収集を行いましょう。情報収集を行う上で最も重要となるもの、それは「フットワークの軽さ」です。活発に地域を移動して情報を集める能力は社協ワーカーとして必要不可欠です。実際に地域を歩き回り、そこで自分の五感をフル活用して集める、ある種アナログ的な情報から「地域発展の種」を見つける事が多いのです。ですから、社協で実習を行う予定の皆さんは、まず地域に行ってみましょう。

5.1　地図を持って地域を歩こう

　地域に行く際に、必ず持参して欲しいものがあります。それは地図です。なんだ、そんなものかと思うかも知れませんが、地図は地域の全体像をイメージするのに非常に有益なツールです。地図はもちろん市販されているもので良いのですが、それを見て頭の中に地域のイメージを描けるかどうかが重要ですから、自分にとって最も地域の全体的イメージを持ちやすい地図を選んで使う必要があります。地域のイメージを持ちやすい地図の例として「福祉マップ」があります。最近では市区町村や社協の多くが多様な福祉テーマについて地図を作成していますから、それを手に入れて、その福祉テーマに沿って地域を歩いてみて下さい。例えば「バリアフリーマップ」を手に入れて、その地図に従って地域を歩

き、そこで見たこと、聞いたこと、感じたことを「バリアフリー」というテーマのもとに状況把握を行えば、バリアフリーに対する地域の取り組みについてのイメージが出来るはずです。この例のように、各種福祉テーマのイメージが一つ一つ重なり合うことにより全体的な地域イメージとなり、「頭の中の地域福祉マップ」が出来上がります。優秀な社協ワーカーは誰しもしっかりとした地域イメージを持っていますから、実習生にとってそれを作りあげることが「社協ワーカーへの途」への大きなステップとなるのです（図5.1）。

---

① テーマを決める
　　ただ目的もなく地域を歩くのでは無く、テーマを決めて地域を回りましょう。テーマは地域について興味があるものなら何でもOKです。
　　例）自分が行く地域のバリアフリートイレの設置・使用状況を見て回る。

⇩

② 地図を手に入れる
　　地域に行く際には、必ず地図を持参しましょう。地図は地域の全体像をイメージするのに非常に有益なツールです。地図はもちろん市販されているものでも良いですが、それを見て頭の中に地域のイメージを描けるかどうかが重要ですから、自分にとって最も地域の全体的イメージを持ちやすい地図を選んで使う必要があります。地域のイメージを持ちやすい地図として市区町村や社協が作成する「福祉マップ」があります。その地図を片手に地域を歩いて回ことのをお勧めします。

⇩

③ 地域を回る
　　自分が決めたテーマを下に地域を見て回りましょう。その際に手持ちの地図上に自分のたどったルートをペンで印をつけて下さい。また、自分で見たこと、気づいたことは自分のノートにメモ書きしておきましょう。

⇩

④ 感想をまとめる
　　テーマを持って地域を回ってみて、見たこと、気づいたことを感想文としてまとめて下さい。そしてたどったルートがわかる地図のコピーと一緒に提出して下さい。

図 5.1　〜地図を持って地域を歩こう〜　手順

5.2 マッピング技法

ここでは、社会福祉協議会の実習生として活動する際に役立つ「頭の中の地域福祉マップ」作りの技法である「マッピング技法」を紹介します。ここで説明するマッピングとは実際に地理的な地図を作るというわけではなく、イメージ作りに重点を置きいかに頭の中に地図を描けるかがポイントとなります。ここでは、以下の4種類のマップの作り方を説明します。

①社会福祉協議会　活動マップ
②社会福祉協議会　活動のポイント
③社会資源マップ
④社会福祉協議会　ネットワークマップ

この4つのマップ作りは、**情報収集→情報のカテゴリー化→知識イメージ化→実習課題作り**、といったシステマティック（段階的）な流れで実施されます。この流れに従ってマップ作りを行う事により、社協で実習を行う学生は、社協の活動について、もしくは地域についての情報を集め、それをカテゴリーにまとめて自分の知識とし、更にイメージを膨らませた上でしっかりとした実習課題を持って実習に臨むことができるのです（図5.2）。

ステップ①　情報収集
社協・地域についての情報を集める。

ステップ②　情報のカテゴリー化
情報を分析し、それをカテゴリーに入れ込む。

ステップ③　知識・イメージ化
カテゴリー化した情報を自分の言葉でまとめ、社協や地域についてのイメージを作り上げる。

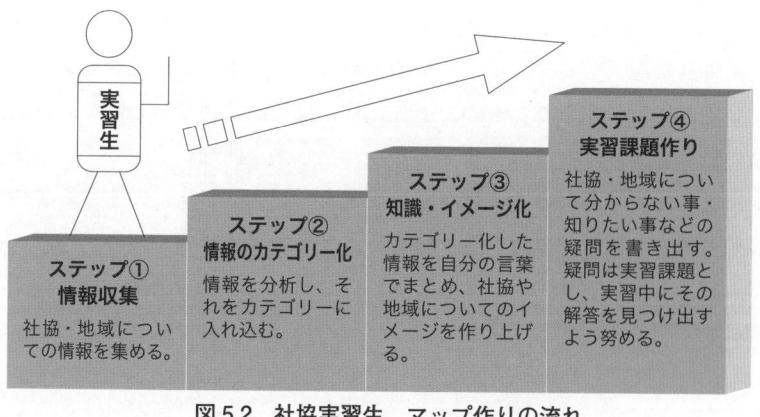

ステップ④　実習課題作り
社協・地域について分からない事・知りたい事などの疑問を書き出す。疑問は実習課題とし、実習中にその解答を見つけ出すよう努める。

図5.2　社協実習生　マップ作りの流れ

社協で実習を行う学生がスムーズにマップ作りを行うには、特に２つのテクニックが重要となります。まず一つは、ステップ②で必要となる「情報のカテゴリー化」です。マップにおけるカテゴリーは、情報を頭に整理して入れる為に作られた枠組みです。情報を枠の中に入れ込むとたくさんの情報が頭にスッと入り、それが知識として残りやすくなります。ですから集めた情報が自分にとって最も頭に残りやすいよう、自分なりにカテゴリーにあてはめて下さい。もう一つはステップ③で必要となる「知識・イメージ化」です。集めた情報はカテゴリー化することにより、頭の中に「記憶」として組み込まれます。しかし、「記憶」は「理解」が伴わなければ実習現場で役に立ちません。ですからマップ作りにおいて、記憶として頭に残っているもの引っ張り出して、それを自分の言葉でまとめるという作業を行います。これにより記憶に自分なりの理解を加えて実習で使える「知識」とするのです。更にその知識一つ一つをつなぎ合わせて、社協全体、そして地域全体がネットワークとしてどのように機能しているのかという「イメージ」を作り出すのです。

①社協　活動マップ

　社協　活動マップには、地域福祉活動、高齢者支援活動、児童福祉活動、ボランティア支援活動、在宅福祉事業、障害者支援活動、その他の活動の７つのカテゴリーが存在します（資料5.1参照）。まずそのカテゴリー１つ１つに実習配属先の社会福祉協議会が行っている事業名や活動名を箇条書きに記入します。この７つのカテゴリーは学生が知識をイメージ化する為に仮に作られたものであり、社会福祉協議会で行われている業務の厳密な区分けではありませんから、明らかな間違いを除いて、学生が自己の主観に基づいてカテゴリーを選んで記入します。ですから１つの業務がもし複数のカテゴリーにあてはまると思えば複数のカテゴリーに入れてもかまいません。そして次に、それらの事業や業務の内容の右隣に箇条書きに記入します。

記入例

高齢者支援活動

事業	事業内容
ふれあい型配食サービス ・ ・ ・ ・ ・	独居高齢者のお宅へ食事を配達し生活状況を確認する。 ・ ・ ・ ・ ・

②社協　活動のポイント

　資料5.2を使用して、「社協 活動マップ」で記入した事業及び活動内容を7つのカテゴリーにまとめて記入します。その際に注意すべきこととして、業務や活動内容をまとめる事に加えて、自分が感じた主観の部分、つまり業務や活動を調べて思ったこと、感じたこと、疑問や知りたい事を記入します。ここでの作業は、活動マップでまとめた知識をイメージ化するのが主たる目的となりますから、自分の主観中心で書いてかまいません。次に、まとめた7つのカテゴリーを1つにまとめて今までの作業を通じて感じた最も大きな疑問を3つ書き入れます。この疑問はこの次に行う社会資源マップと社会福祉協議会ネットワークマップを作る際に意識して回答を探して下さい。そして最終的にそれらを作り終わっても回答が出ない場合には実習課題とし、実習中に常に意識してその疑問の回答を探すよう努めて下さい。

③社会資源マップ

　社会資源マップは、社協が活動している地域資源の把握のために使用します（資料5.3）。これはカナダのカルガリー市に属する組織であるCommunity and Social Developmentがコミュニティ分析を行う際に使用している「地域セクターマップ」を筆者が日本用にアレンジして作り直したものです。

社会資源マップの記入には順番があります。まず地域における基本的な人口・統計データを分析し記入します。人口・統計の一般的特徴を表す指標である、総人口、世帯数、人口増減率、高齢者人口（65歳以上）とその人口に対する割合、児童人口（幼少年人口14歳以下）とその総人口に対する割合、障害者手帳保持者数、外国人登録者数を調べて記入します。そして他にも地域の特徴を表す指標があればそれを調べて記入します。そしてその右側に、それらのデータが示す地域の特徴をまとめて記入します。

　記入例

人口・統計

事業	特色
人口 65,037人　世帯数 27,128世帯 人口増減率 94.9%（平成7年時と比較） 高齢者人口 11,408人　割合 17.6% 児童人口　8,865人　割合 13.6% 障害者手帳所持者数　　　　765人 外国人登録者数　　　　　1,345人 昼間人口　　　　　　　73,739人 人口密度　　　　　　4,070人/km	○○区は、他の区と比べて人口密度が極端に低い。これは大規模な工場が多い事が理由である。これらの工場に働きに来る人が多く、昼間人口は高いが、○○区の住人は減少している。高齢者割合も他の区より高い。

　このようなデータを収集する為に、市町村役場の統計担当課を訪ねてみて下さい。最近では、市町村役場の統計担当課はインターネットのホームページでそれらの多くを公開していますからそれを利用しても良いのですが、直接窓口に出向いて質問するほうが地域の人口・統計の動向を深く理解できます。またそうすることにより、インターネット上では公開されていない詳細なデータも手に入れる事ができます。他にも市町村役場の福祉課を訪ねて、地域福祉計画や地域福祉活動計画に関わりのあるデータについて質問する、市町村にある公立図書館で10年間の人口・

統計の変遷を調べるなどの方法もあります。

その後に高齢者福祉、障害者福祉、児童福祉、公的機関、NPOその他の5つのカテゴリーにその地域で活動を行っている施設・団体名を記入していきます。これらのカテゴリーも「社会福祉協議会　活動のポイント」作成で行ったように、地域のイメージ作りを目的に作られたものですから、領域をまたがって多くの活動をおこなっている施設・団体は2つ以上のカテゴリーに入れても構いません。そして次に各施設・団体の活動を箇条書きにします。

記入例

施設名	特色
● ○○在宅介護支援センター ・ ・ ・ ・	介護が必要な高齢者とその家族の総合相談を行う。

④社協　ネットワークマップ

資料5.4は、社協の活動とその社会資源を繋ぐネットワークの分析を行うために使用します。まず、社協活動マップの内容（特に「社会福祉協議会　活動のポイント」でまとめた社協の活動の部分）を頭に入れ、それを社会資源マップの中心部分に当てはめます。

そして社会資源マップの各カテゴリーと社会資源のカテゴリーとの関係・繋がり（矢印の部分）を考えます。その中でもまず、地域の人口・統計的特色と社協活動の各カテゴリーとの関係・繋がりを考えます。（例　人口・統計：高齢者の割合が他の市に比べて高い⇔社協活動：高齢者のリクリエーション活動や在宅介護支援が充実している）。次に社会資源マップの他のカテゴリーと社協活動との関係・繋がりを考えます。特に

第5章　地域見学とマッピング技法による社会福祉協議会活動・社会資源の分析

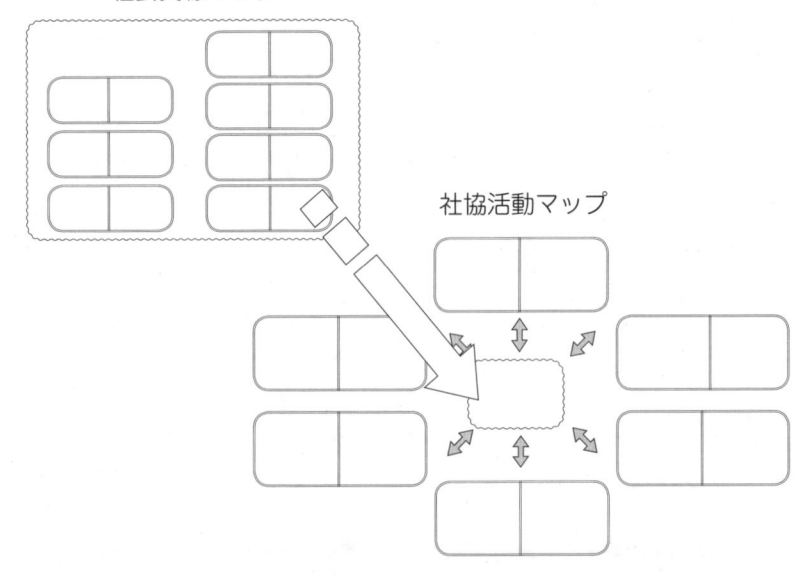

種類の同じもの（例 社協活動：高齢者支援活動⇔社会資源：高齢者福祉）の関係・繋がりに注目します。関係・繋がりを表す矢印⇔は6種類ありますから、「社会福祉協議会 活動のポイント」をまとめたのと同じ要領で6種類の関係・繋がりの特徴・特色を一つにまとめるのです。そして疑問・知りたい事を最低3つ書き出し、それを実習課題にします。

5.3 まとめ

履歴書や実習計画書作り（8章で説明）で実習課題を明確にする作業を行いますが、「社会福祉協議会 活動のポイント」と「社会福祉協議会ネットワークマップ」で書き出した疑問・知りたいことはその基盤となります。この作業を行った上で実習課題を見直し、その答えを実習で探すように努力して下さい。それが実習での学びの深さに繋がります。

実習中に、スーパーバイザーの方に、それらの疑問・知りたい事は必ず質問して下さい。そして協力してもらいながら実習中にマップを改良

して下さい。良いマップができれば、それは実習先の社協にとっても大変有益な資料となるはずです。

資料 5.1

＿＿＿＿＿社会福祉協議会　活動マップ

高齢者支援活動

事業	事業内容
・	
・	
・	
・	
・	

地域福祉活動

事業	事業内容
・	
・	
・	
・	
・	

児童福祉活動

事業	事業内容
・	
・	
・	
・	
・	

ボランティア支援活動

事業	事業内容
・	
・	
・	
・	
・	

在宅福祉事業

事業	事業内容
・	
・	
・	
・	
・	

障害者支援活動

事業	事業内容
・	
・	
・	
・	
・	

その他の活動

事業	事業内容
・	
・	
・	
・	
・	

資料 5.2

＿＿＿＿＿社会福祉協議会 活動のポイント

高齢者支援活動

地域福祉活動

児童福祉活動

ボランティア支援活動

在宅福祉事業

障害者福祉活動

その他の活動

まとめ

社協の活動　まとめ

疑問・知りたいこと
◎
◎
◎
◎

資料 5.3

社会資源マップ

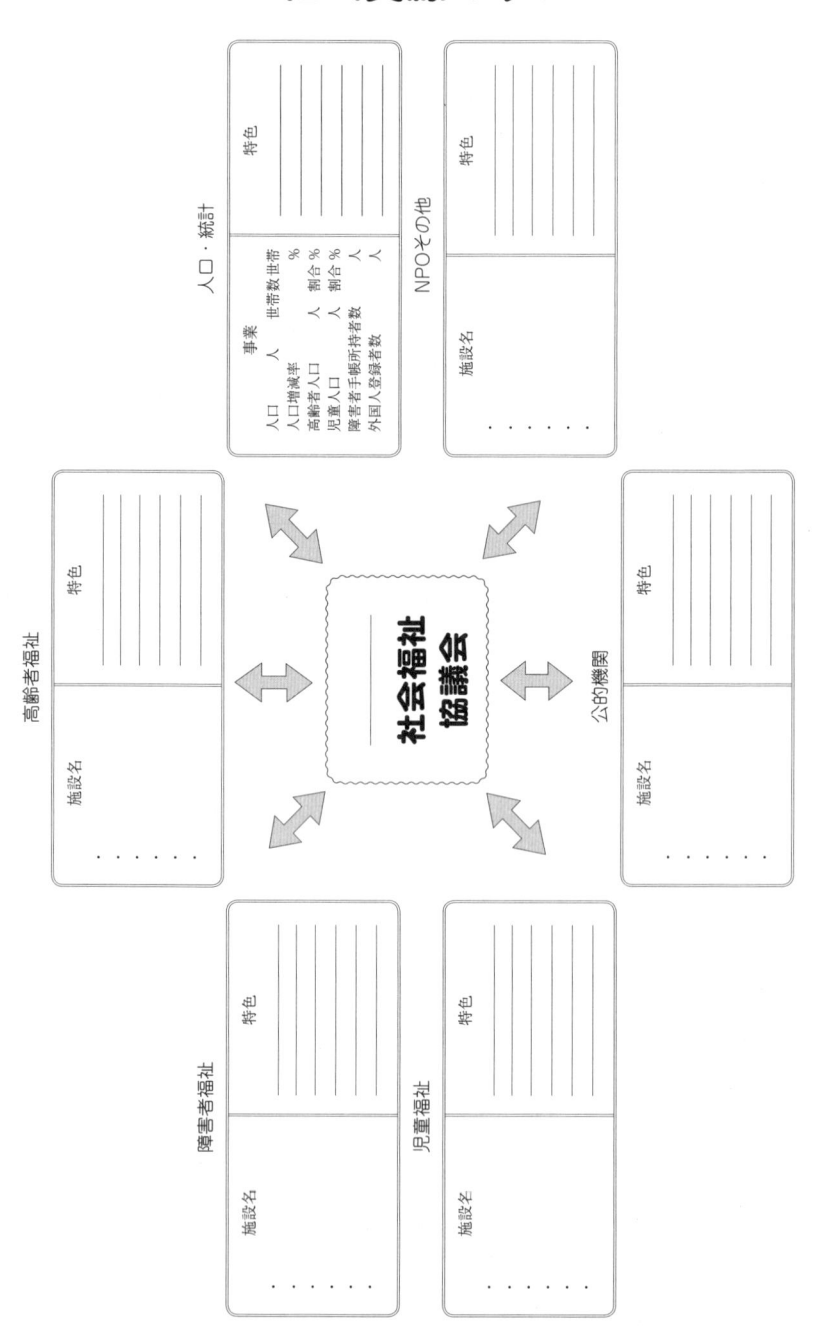

人口・統計

事業		
人口	人	世帯数 世帯
人口増減率		％
高齢者人口	人	割合 ％
児童人口	人	割合 ％
障害者手帳所持者数		人
外国人登録者数		人

特色

NPOその他
施設名
特色

高齢者福祉
施設名 ・・・・
特色

公的機関
施設名 ・・・・
特色

社会福祉協議会

障害者福祉
施設名 ・・・・
特色

児童福祉
施設名 ・・・・
特色

資料 5.4

＿＿＿＿＿社会福祉協議会ネットワーク

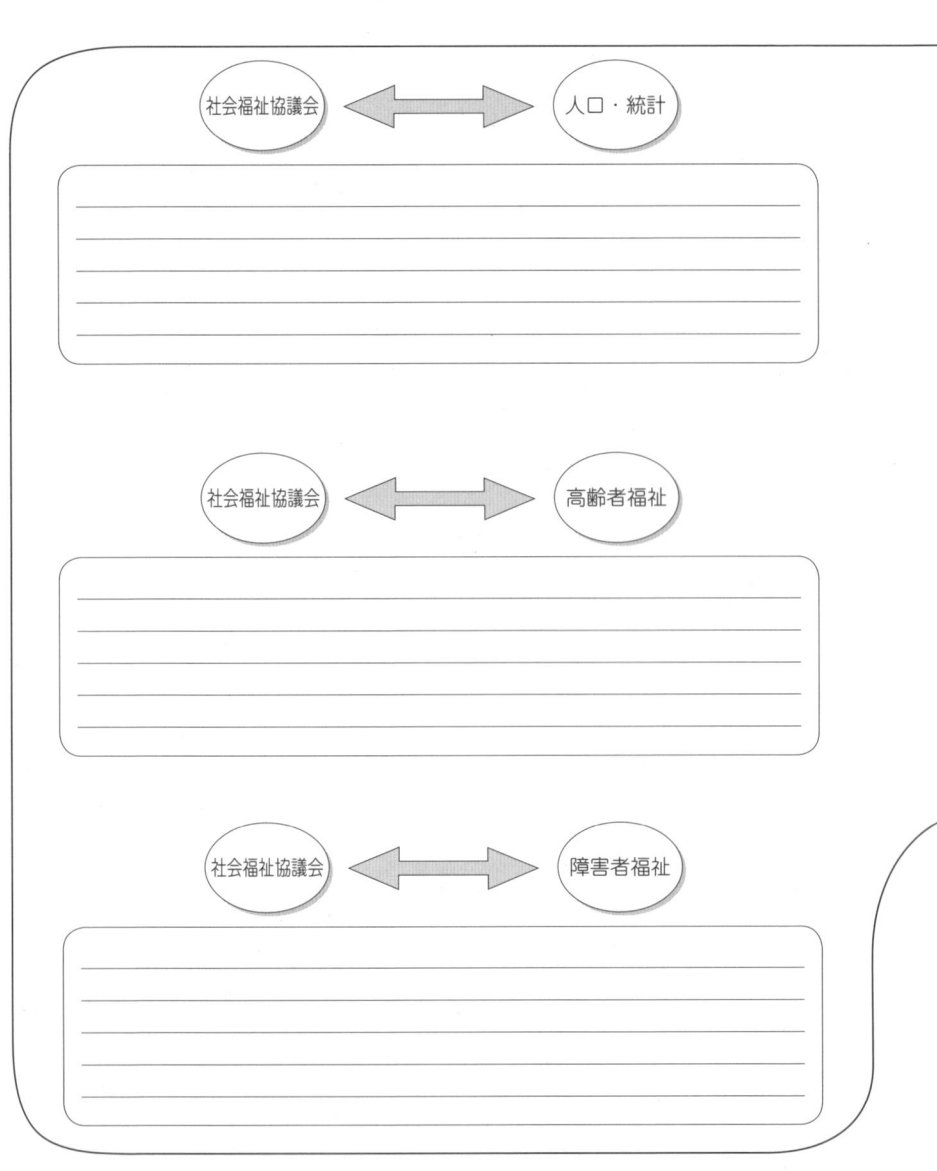

(社会福祉協議会) ⇔ (人口・統計)

(社会福祉協議会) ⇔ (高齢者福祉)

(社会福祉協議会) ⇔ (障害者福祉)

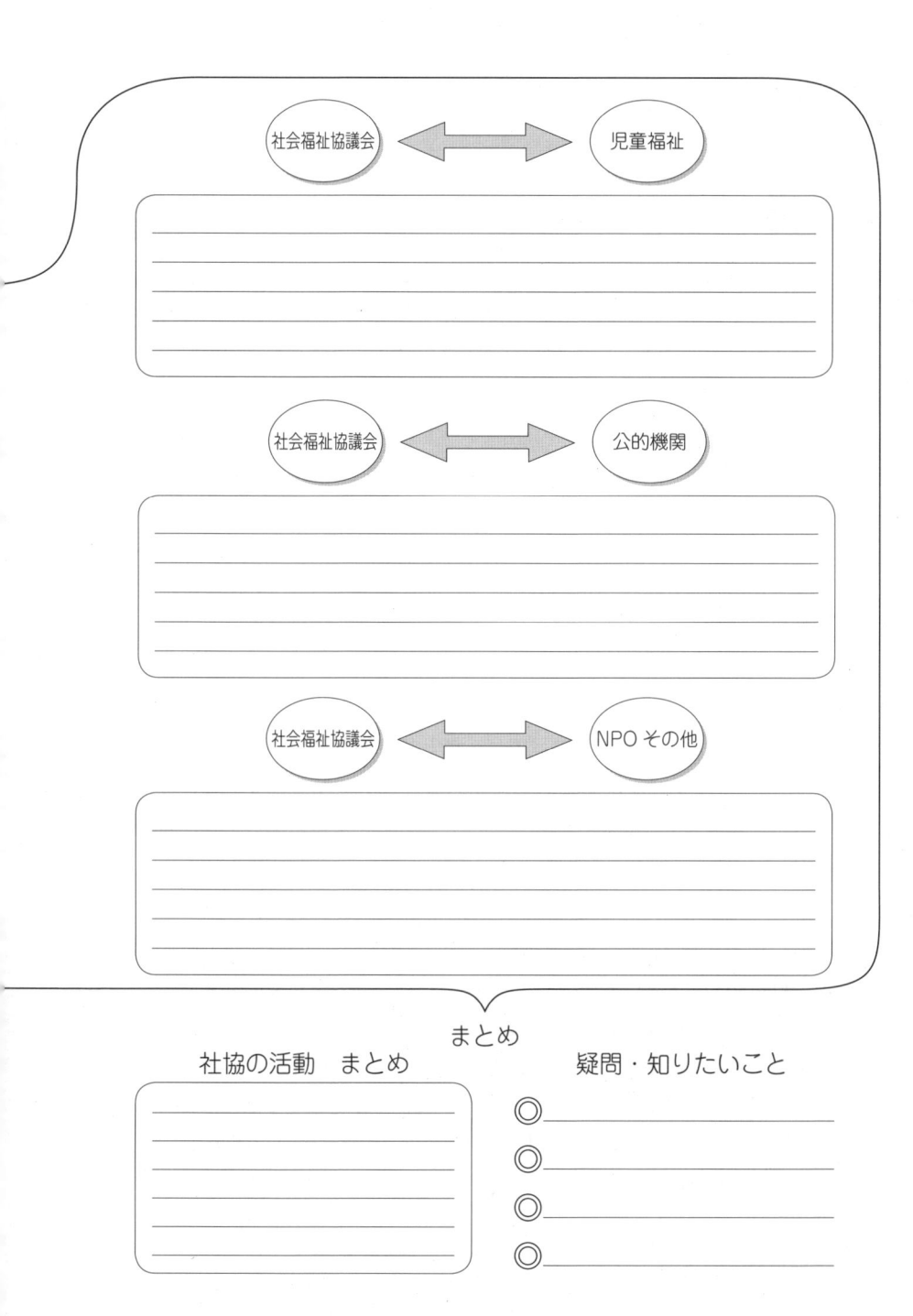

| 社会福祉協議会 | ⇔ | 児童福祉 |

| 社会福祉協議会 | ⇔ | 公的機関 |

| 社会福祉協議会 | ⇔ | NPO その他 |

まとめ

社協の活動　まとめ

疑問・知りたいこと

第6章　住民参加とワークショップ手法

　第1章でも述べましたが、地域福祉においては住民が主役であり、地域生活上の諸問題をもっともよく知っているのも住民なら、また知恵を絞り人脈を駆使して問題解決に取り組んでいる（つまり諸資源の存在やその使い方をもっともよく知っている）のも、他ならない住民です。地域福祉において〈住民参加〉が重視されるのもそのためです。例えば、全国で策定の進んでいる地域福祉計画についてみても、行政計画ではありますが「住民がつくる計画」という性格を色濃くもっています。地元の住民や団体が、行政や社協と協働して、住民が日常困っている問題を発掘し、住民自身の望む方向で地域づくりをしていこうと取り組んでいるのです。

　住民が比較的に活動的な地域では、概して住民参加が活発と言えるでしょう。NPOなどの住民活動が積極的にまちづくりをリードし、行政や専門機関をよい意味で"利用"しているのです。行政職員や専門職は「住民の代わりに何かをしてあげる」のではなく、「側面支援」であることが地域福祉では前提となるため、このような地域は理想形とも言えます。ところが現実には理想どおりにいくことは多くなく、「お上（かみ）に任せておけばいい」という姿勢をきめ込んでいる地域も少なくありません。

　こうした地域で住民が主導権を得ていくためには、「住民参加」という言葉を形骸化させないことが大切です。行政が住民に形だけの参加の場を提供したり、とりあえず不満を吐き出せる場を設定するだけだったり、または行政に同調的な人・団体だけに参加の場を与えたり……といった受動的な参加でなく、より主体的意思を伴う参加であることが肝要です。

　前置きが長くなりましたが、そのための代表的手法として、ワーク

ショップが注目されています。従来、行政施策を企画する際の代表的手法には、アンケートや会議による住民の意識調査等がありますが、そこでは埋もれてしまう声もあります。しかしそんな「声なき声」こそが福祉課題の鍵を握っていることもあるでしょう。ワークショップは、少人数で、なるべく話しやすい雰囲気・場面設定の下、お互いの不安や不満、そして「どうしたいか」を出し合い、整理していくのにすぐれた手法です。

先の地域福祉計画でも、策定委員会や作業部会でワークショップを用いています。従来の行政計画との明確な違いとして、住民の声を起点とした〈ボトムアップ〉の計画とするためです。本章においては、まず、「参加」の考え方を説明し、ワークショップをそのための手法と位置づけて具体的に紹介します。

6.1 「参加」について考えてみよう

ワークショップの技法について説明する前に、まずは「なぜ住民参加が大事なのか」「何をもって参加というのか」について考えてみましょう。

行政による福祉施策にせよ民間の福祉サービスにせよ、それが住民にとって感情的に受け入れやすいものであり、またさまざまな生活困難によって弱い立場に置かれた人びとのニーズに実際に届くものであるためには、やはりその施策やサービスをデザインする段階から事後のふり返りに至るまで、つまり計画から評価のすべての段階において住民の意見を取り入れ、しかもそれを軽視させないことが課題となります。

そして「参加した住民」の努力によって当面の問題解決が進むだけでなく、その実績が自信を植え付け、やがては地域力の形成（地域全体としての問題解決力の醸成）に繋がるかどうか、が地域福祉の観点からは重要です。そのためには、冒頭で述べたように形式だけでなく、住民の主体性を伴った参加が不可欠です。行政施策への参加に関しては、いわゆる「アリバイ（既成事実）づくり」や「ガス抜き」がよく非難の的となります。これらはすなわち、行政を批判しない（もしくは立場上批判的になれない）人や団体だけに参加機会を与え、表向きには「住民参加を実行している」とPRしたり、あるいは逆に行政に不満を持つ人の鬱

積した不満が噴出する前に、解消する機会を提供したりすることを比喩した表現ですが、これでは本当の意味で住民主体に立つ参加とは到底呼べません。

　また、地域力の形成を意図した「住民参加」でなく、住民を単に在宅福祉資源としてとらえ、サービスへの参加に重点を置く「住民動員」に終わってしまうことも懸念されています[1]。一般に公的役割縮小論、或いは「小さな政府」論について危惧されるように、民間活力の導入を行政が推し進めることで、内実として行政の負担軽減（資金的・人的・時間的負担など）を第一義的にねらうものであってはいけないのではないでしょうか。行政と住民の間で信頼関係が十分築かれないまま「公私協働」や「住民参加」が謳われても、住民が「動員だ」と受け止めてしまうようなら、世間で言う「行政がすべきことを住民に押し付けているのではないか」という住民側の猜疑に帰結してしまいかねません。民活導入の本旨は、民間のもつ自由な発想と行動力に基づく、多彩で柔軟、先駆的な活動によってまちづくりの可能性を拡げていこうとすることにあるのであり、そうした積極的な参加や適正な運営を行政がバックアップするようなパートナーシップの関係が望ましいと言えるでしょう。

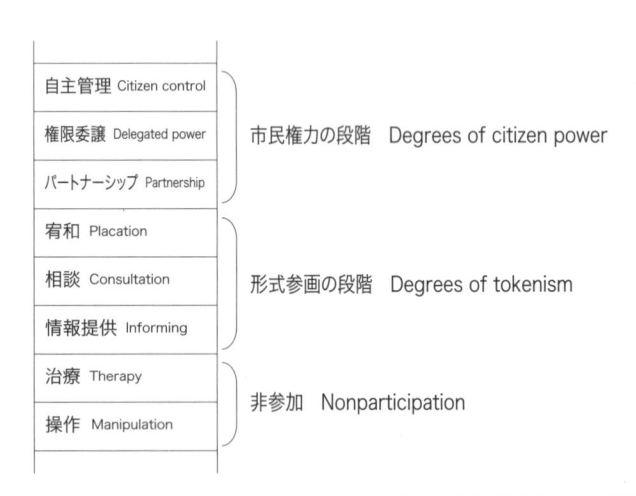

自主管理 Citizen control	市民権力の段階 Degrees of citizen power
権限委譲 Delegated power	
パートナーシップ Partnership	
宥和 Placation	形式参画の段階 Degrees of tokenism
相談 Consultation	
情報提供 Informing	
治療 Therapy	非参加 Nonparticipation
操作 Manipulation	

図6.1　アーンスタイン（Arnstein,1969）の「市民参加の8階梯」
出典：藤井，2004

さて、このようにして考えると、住民参加には「受身的・形式的な参加」と「積極的な参加」という二極が存在することが分かります。英語表現に置き換えれば、同じ「参加」でも involvement か participation か、ということが問われることになります。前者ではより受身的な参加ということになるし、後者は主体的参加という意味を含んでいます。これをもう少し具体的に理解するため、行政への参加に関する「アーンスタインの8階梯」としてよく知られているモデルを参照してみましょう（図6.1）。上で指摘したような「アリバイづくり」「ガス抜き」「動員」などは、ここで言う「宥和」から「操作」の各段階に該当すると考えられますが、これはアーンスタインによればあくまで参加とは呼べないレベル、或いは形式的な参画のレベルに過ぎないのです。一方、より主体的な「市民」としての参加は、相手と対等な「パートナーシップ」や相手からの「権限委譲」、住民自治による「自主管理」のレベルになります。当然ながら、住民参加はこの「市民権力の段階」をめざし発展することが求められるでしょう。

6.2 地域福祉計画と参加

上のことについて、近年取り組みの進んでいる地域福祉計画を例にとって考えてみましょう。地域福祉における計画論自体は早くから議論されてきましたが、とりわけ今日全国で一斉に策定が進められているのは、2000年の改正社会福祉法において初めて地域福祉計画が法的位置づけを得たことを背景としています。この法定地域福祉計画は、市区町村が作る「地域福祉計画」（社会福祉法第107条に規定）、およびそれを支援する目的をもつ都道府県の「地域福祉支援計画」（同法第108条）を指しています。地域福祉計画は、高齢者保健福祉計画や障害者福祉計画、子育て支援計画など既存の分野別計画との整合性を図りつつ、総合的・包括的な性格を持たせるものとされています。とりわけ社協が策定する「地域福祉活動計画」との連携・協働は重要で、めざすべき地域福祉のありようを行政計画（地域福祉計画）で方向づけ、それに沿った民間レベルのアクションを活動計画で計画化する、といった関係を両計

画の間ですり合わせていくことが大切です。ましてやこの両計画が異なるベクトルに向かうものであってはならないことは言うまでもありません。

　この地域福祉計画が従来の行政計画と大きく異なるのは、住民参加を基盤とし、地域特性を反映した、地域独自の計画としての性格を有している点でしょう。つまり、地域ごとに抱えている問題が異なるのは当然であり（例えば、過疎化・超高齢化が進む山間部の地域と、人口が過密で犯罪・非行や虐待、孤独死等に悩む都市部の地域とでは優先的な福祉課題は必然的に異なります。また、工業地帯に隣接する地域では公害や騒音による健康被害が、別の地域では被差別地区の住民の人権問題が固有の問題かも知れません）、それに伴って地域ごとの色合いを打ち出したユニークな計画を作ろうというねらいがあります(なお、この背景として、地方分権一括法にみられるような地方分権の大きな流れがあることを付言しておきます)。そして、こうした地域の固有性、さかのぼれば住民が日頃悩んでいる事や住民が描き出す地域のありようを計画書という形に具現化する手法として注目されているのがワークショップなのです。

6.3　住民集会におけるワークショップ手法の目的と利点

　さて、いよいよワークショップについての説明に入ります。ワークショップの元々の語意は「共同作業場」「工房」等ですが、今日、学校教育や社会教育などの分野で用いられる言葉としては、中野民夫（2001）によると「参加体験型のグループによる学び方」と定義できます。すなわち「何かについて学ぶ時、先生や講師から一方的に話を聞いたり、ただテキストや教材を読んだりするだけでなく、実際にそのことをやってみて感じようという『体験』を重視した学び方。まちづくりなどを行政も住民も専門家も一緒に『参加』して計画していこうという参加型の合意形成や計画の手法。その場に参加した参加者同士がお互いに語りあい学びあう双方向の学び方[2]」を表します。

　地域福祉計画の話に戻りますが、この計画は住民集会方式で策定され

ることが一般的です。行政職員や社協職員、策定委員会（町内会・自治会、民生委員協議会等の地元団体、福祉施設・機関、公募による住民等で構成）等が一堂に会して計画づくりに取り組む方式です。これは通常、部会（校区等エリアごとに開催するものや、「高齢者部会」「障害者部会」「外国人部会」等テーマ・対象別に開催するもの等がある）に分かれて開くのですが、それでも数十〜百人規模の集まりになることが多く、全員が輪になって討議しようとしても無理があります。そのため、5〜10人ほどの少集団に分かれてKJ法（P.78参照）等の素材を用いたワークショップを用いることが多いのが実情です（参考資料）。

　このような機会を通じて住民が日頃抱えているニーズを掴むわけですが、こうした調査をもし会議形式で行うとすると、妙にかしこまった雰囲気になり、ごく普通の住民が率直な意見を出すことを躊躇してしまいがちです。その結果、発言力のある人や社会的に地位が高いとされる人の意見に落ち着いてしまうことも珍しくありません。一方、アンケートのような調査だと本音が引き出せるかも知れないですが、反面において街角に眠っている小さな問題を回答者が遠慮してしまい、或いはアンケート自体を面倒臭がったり胡散臭がったりして埋没してしまいかねません。そもそも、認知症の高齢者や心身の障害者、子ども、外国人、ホームレス等のように意思表示が困難な人の声は発掘さえ難しいのが実際です。

　それに比して、ワークショップではできるだけ多様な立場の人が参加し、ちょうどよい人数・雰囲気で意見交換できるのが特徴と言えます。地域課題は「自分だけの悩み」でないことも多く、「こんなこと言っていいのかなあ……」と躊躇していたことを他の誰かが発言しくれて、みんなで「そうそう」と共感することもあります。また、たった一人が言ったコメントがグループ全体に気づきを促し、総意となって計画に反映されることもあります。こうした意見はアンケートのように統計的に処理される調査では、それがいかに逼迫した問題であっても「少数意見（あまりニーズがない）」と軽視されるおそれがあります。ワークショップの場合、利害の張本人である住民たちの討議が中心となるわけですから、

それを未然に防ぎやすいというのが利点と言えるでしょう。

　またそれとは別に、話し合いを進める過程で、住民の間に連帯感やつながりが生まれてくることにも着目すべきです。同じグループになった人とは、街なかで出会ったときに挨拶するようになるでしょうし、話し合いの延長で悩み事を相談しあう仲間になることもあるのではないでしょうか。その意味で、この機会に得た「人のつながり」こそが最大の成果かも知れません。例えば計画策定が終了しても、近隣で新たな問題（悪質な業者の開業・重大な犯罪・自然災害の被害等）に直面した時にこのつながりが役立つに違いありません。また、行政や福祉職にある人にとっても、討議の場から学ぶ点は少なくないでしょう。地域社会の問題構造を知り、地元住民の考えをきちんと受け止めるよい機会となるからです。ともに膝を突き合わせて話し合いを重ねることで、公―私間、施設（団体）―地域間の新たな関係づくりへと発展していく契機となるはずです。

　ところで、いざ集団の討議に入ると、当初はお互い「様子見」の段階（どんな人が来ているのだろう、自分はうまく話せるだろうか……と緊張している状態）で、誰も突っ込んだ話を始めようとしないことがよくあります。逆に、議論が白熱してくると、参加者が主観的な思いをぶつけあって、本来の目的（計画策定等）を忘れて話が「わき道」にそれたり、特定の人の「誹謗中傷」や「噂話・陰口」に陥ったり、「独演会」（特定の人が延々と喋り続ける状態）や、場合によっては「喧嘩」になるような事態が起こりえます。その一方で、普段から不利な立場に置かれている人や、もともと消極的な性格の人は、スムーズに発言できないことがよくありますが、そのような発言力の小さな人の声こそが、往々にして地域福祉課題となることは、先に述べたとおりです。したがって、メンバー構成や刻々と変化する場の雰囲気等を把握しながら、ワークショップが円滑に進むように促す（ファシリテートする）ことがワークショップには欠かせません。この役割の人を「ファシリテーター（促進する人）」と呼びます。ファシリテーターは5～10人程度に分かれた小集団ごとに配置することが望ましく、ある程度訓練を要します。その役割は、集

団に対する問題提起や方向づけなどであり、言ってみれば"水先案内人"のような存在であって、決して自分の考えを押し付けたり、無理に結論に導いたりしません。また決して一方通行的な「教師」のような役割ではなく、参加者同士の自由なやりとりを支える「黒子」に徹するのがルールです。ほとんどの場合、ワークショップには時間的制約が設けられています。限られた時間の中で討議を前に進め、参加者全員がある程度発言し、満足できるためには、ファシリテーターは非常に重要な存在です。

　本章ではここまで、住民参加の必要性と、その方法の一つとしてのワークショップについて説明してきました。最後に、いくつかの具体例を紹介します。一見してゲームのような素材が多いですが、いずれも目的は住民がリラックスした雰囲気のなかで日常の生活課題や地域への想いを出し合える雰囲気をつくることです。企画する側は地域援助という視点を忘れず、かと言って必要以上に「構えて」「堅苦しく」臨むことなく、自然に展開できるような工夫が必要です。実習生もチャンスがあればぜひワークショップに参加させてもらい、ワーカーがどのように進めているのか学べるとよいでしょう。

6.4　アイスブレイク

　ワークショップの導入の時によく用いる手法の総称です。自己紹介と組み合わせても効果的でしょう。緊張をほぐし、共通の目的に向けて波長を合わせる目的で行います。以下はその例です。

(1)「私は○○です」

　　用紙を参加者に配り、各自が「私は……です」と、思いつくまま箇条書きで挙げていく。例えば「私は男です」「私は陽気です」「私は子持ちです」……。ひと通り書き終えたら、グループ内で順番に読み上げる。普通の自己紹介よりも随分場を和ませることができる。

(2)「ボールまわし」

　　各グループに一つボールを配り、ボールを持っている人が自己紹介する。終われば、ランダムに次の人を指名し、「○○さんどうぞ」と言いながらボールを渡す。

(3)「自分賛歌」
　　自分の姓名を使って、自分の長所を紹介する。場が盛り上がるうえ、自分の持ち味を自覚・PRできるし、何よりポジティブな気持ちで討議に入れる。例えば佐藤○○さんの場合、(さ)わやかで、(と)もだち思い、(う)そ言わない……という具合。

6.5　KJ法
　今日、様々な合意形成や問題解決の場面において、問題の整理・分析のために用いられる手法として、一般によく知られている帰納的発想法です（開発者である文化人類学者の川喜多二郎氏のイニシャルからこう呼ばれます）[3]。地域福祉計画の策定過程においても、この手法はよく用いられています。地域の諸問題とその構造や要因、解決策などを整理していくのに優れているためです。基本的には、①紙切れづくり→②グループ編成→③Ａ型（図解）→④Ｂ型（文章化）という手順で進められますが、変形技法もあります（ＡＢ型、ＢＡ型）。どのような作業が行われるのか、図6.2の例を参考にしてみて下さい。

［KJ法の手順］
(1)ラベル（紙切れ）づくり
　　テーマに関係のありそうな事柄やキーワードを思いつくまま、網羅的に挙げ、1件ごとに1枚1枚のラベルに黒のペンで書き込んでいく。
(2)グループ編成
　①ラベル拡げ
　　全てのラベルを並べる（ラベル同士重ならないよう注意）。並べ終わったら、全てのラベルを何度か読み通す。
　②ラベル集め
　　読み通すうち、内容上で"親近感"を覚える（或いは類似・関連する）ラベル同士が目に付くようになる。そのような共通するものをまとめて、ラベル同士の小グループに仕分けしていく。何度読み

返しても"孤立"してしまうラベルは、単独で並べておく。
　③表札づくり
　　それぞれの小グループについて「なぜこれらをひとまとめにしたか」を熟考し、そのチームの特性を表すような名前（表札）を付ける。新しいラベルに別の色のペンでその名前を書き込み、小グループの一番上にのせる。
⑶図解のための空間配置
　　各小グループごとに表札が一番上にくるようにクリップまたは輪ゴムでとめ、グループ間の関係を記号（矢印等）で表現しやすいように配置する。グループの位置関係が決まったら、グループ内のそれぞれのラベルを表札の周りの適切な位置に配置していく。
⑷図解描き
　　決定した配置にもとづいて、それぞれのラベルを、置かれてある位置に貼り付ける。
　　ラベル間の相関関係を矢印などの記号で表す。
⑸口頭発表
⑹文章化

〈用意するもの〉大き目の模造紙……各グループ1枚以上、名刺大のラベル（付せん紙が便利）……多数（1人10枚程度は必要）、セロテープ（付せん紙の場合は不要）、サインペン……各グループに数色

こんな施設がほしい

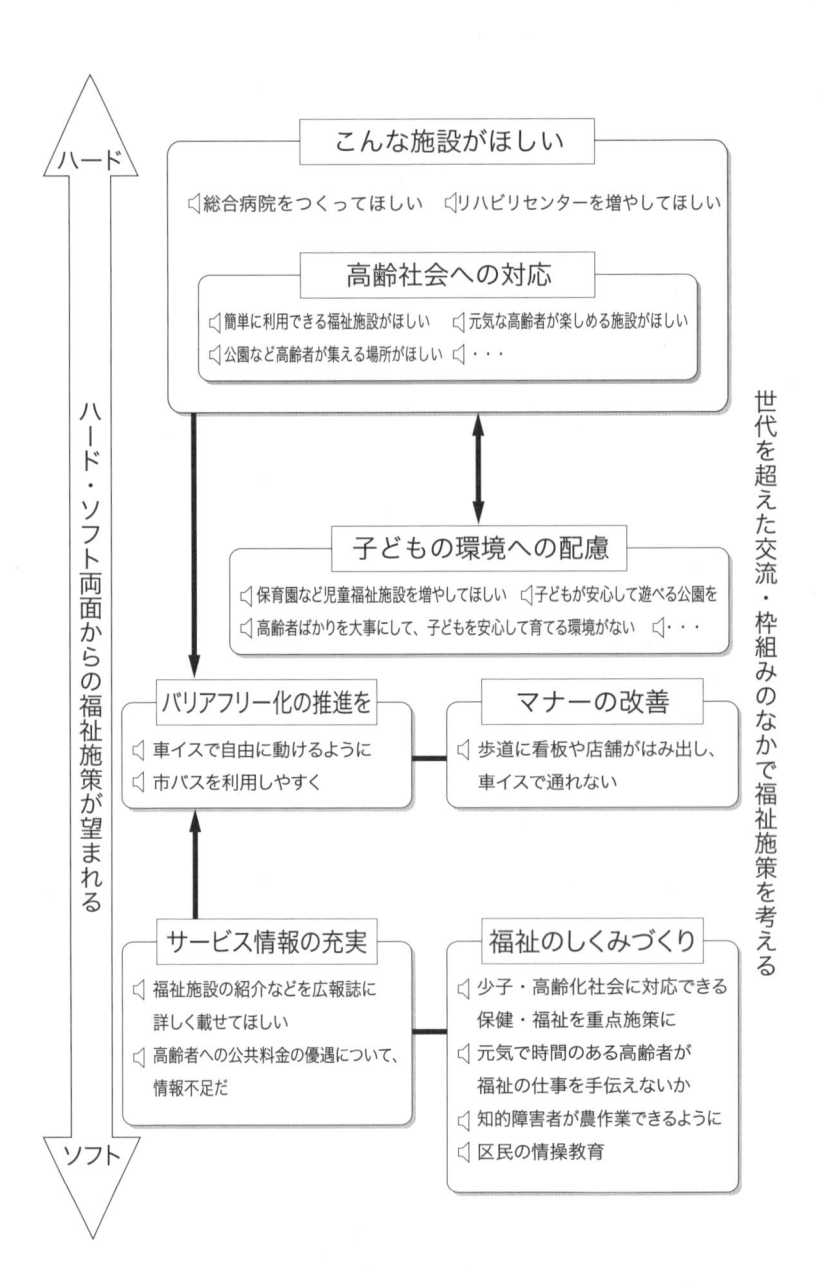

◁ 総合病院をつくってほしい　◁ リハビリセンターを増やしてほしい

高齢社会への対応

◁ 簡単に利用できる福祉施設がほしい　◁ 元気な高齢者が楽しめる施設がほしい
◁ 公園など高齢者が集える場所がほしい　◁ ・・・

子どもの環境への配慮

◁ 保育園など児童福祉施設を増やしてほしい　◁ 子どもが安心して遊べる公園を
◁ 高齢者ばかりを大事にして、子どもを安心して育てる環境がない　◁ ・・・

バリアフリー化の推進を

◁ 車イスで自由に動けるように
◁ 市バスを利用しやすく

マナーの改善

◁ 歩道に看板や店舗がはみ出し、車イスで通れない

サービス情報の充実

◁ 福祉施設の紹介などを広報誌に詳しく載せてほしい
◁ 高齢者への公共料金の優遇について、情報不足だ

福祉のしくみづくり

◁ 少子・高齢化社会に対応できる保健・福祉を重点施策に
◁ 元気で時間のある高齢者が福祉の仕事を手伝えないか
◁ 知的障害者が農作業できるように
◁ 区民の情操教育

↑ハード　↓ソフト

ハード・ソフト両面からの福祉施策が望まれる

世代を超えた交流・枠組みのなかで福祉施策を考える

図6.2　A区の福祉環境づくりに関するワークショップ
出典：A区のまちづくり報告書を参照して作成

6.6 実習生のための「敗者が勝者（？）の罰ゲーム」

　上のようなアイスブレイクやKJ法以外にも、「資源マップづくり（第5章）」「コミュニティワーク・ドラマづくり（第7章）」等、ワークショップの方法は自由に選択できます。実習生の事前学習としても、体験的にこれらを実践しておくとよいでしょう。「ウルトラクイズ（第3章）」を行うような場合は、罰ゲームとしてワークショップのシミュレーションを課すことで、負けても（と言うより、むしろ負けたほうが）勉強になるし俄然モチベーションが上がるでしょう。例えば次のようなロールプレイが考えられます。

① 計画策定委員会のワークショップ
　　地域福祉計画の策定委員会をシミュレートする。行政職員役、社協職員役、住民役（それぞれどのような人か）等、配役を決め、討議の場面を寸劇にしてみる。

② デイサービスのレクリエーション
　　実習先が事業型社協という学生の場合、デイサービス等でレクリエーションを担当（素材選びから本番での進行まで）することがよくあります。その予行演習をクラスで行うわけです。レクリエーションは、もちろん援助目的で行うものですから、お互い楽しみながらも、遊びや宴会芸のようにならないよう、高齢者施設向けレクリエーションに関する文献等で関心のもてる方法を探してみるとよいでしょう。

【参考資料】 地域福祉計画のワークショップ資料〈その1〉
出典：明石市地域福祉推進市民会議より　㈱地域計画建築研究所運営協力

ワークショップに参加される方へ

1. はじめに4つのお願い

　　その1　ノーネクタイでリラックスした服装で　　あらたまらずに生活感覚で
　　その2　一人の市民として参加を　　団体の代表者だけど一人の市民として
　　その3　思いを伝えて仲間を増やそう　　仲間がいればきっと可能性が広がる
　　その4　行く末を見守って　　計画ができて実行段階にも関わって

2. 市民と行政が一緒に計画をつくる

　　・行政の限界を知ろう
　　・行政の本音を知ろう
　　・それじゃあ市民の本音は？
　　・一緒にやろう（協働）汗をかこう

3. 私達の意見はどうなるの? 言いっぱなしにならないよね?!

4. 第〇回策定委員会のお知らせ

　　日時　平成〇年〇月〇日（△）□時〜□時
　　場所　☆☆会館

【参考資料】 地域福祉計画のワークショップ資料〈その２〉
　　　　　　出典：明石市地域福祉推進市民会議より　㈱地域計画建築研究所運営協力

ワークショップとは？
　★大きな工場ではなくて少人数の手作りの場
　★一人ひとりが大切にされる工夫がある
　★手を動かしたり、現場に行ったり体験型

ワークショップの特徴
　その１　水平・対等な関わりの場　　　　上下関係をつくらない手法
　その２　相互刺激の学び合いの場　　　　自分と違う意見から学ぶ
　その３　自分自身の成長の場　　　　　　提案して自己実現につなげる

ワークショップの心得　５カ条

その一　みんなで話し合い、お互いの考えを知ろう！
・自分の考えを押し通すのではなく、いろいろな考え方があることを認め合う。
・団体の代表者だけど、ひとりの市民として参加してください。

その二　心の中に思っていることをすべて出そう！
・小さな「つぶやき」「気付き」が新しいアイデアを生み出すこともある。
・リーダーの方は、メンバーに問いかけながら意見を引き出して。

その三　参加者全員が主役になろう！
・ワークショップの場では、みんなが平等に意見を出せる。
・少数派の意見もしっかりと記録していこう。

その四　話し合いを積み上げていこう！
・自分の意見と他の人の意見との関係も考えてみる。

その五　みんなの話に納得し、みんなでまとめよう！
・「きれいなまとめ」よりも「みんなの納得」を大切にまとめる。
・リーダーの方は我慢、我慢。裏方に徹して、みんなの話を引き出しながらまとめてください。

第６章　住民参加とワークショップ手法

【注】

1　藤井博志，2004，「住民参加の促進とソーシャルワーク機能」ソーシャルワーク研究所編『ソーシャルワーク研究』相川書房，pp.25-31.
2　中野民夫，2001，『ワークショップ──新しい学びと創造の場−』岩波新書.
3　川喜多二郎・牧島信一，1970，『問題解決学── KJ法ワークブック』講談社.

【参考文献】

石田易司，2001，『アイスブレーク』エルピス社.
大谷信介・木下栄二・後藤範章・小松洋・永野武編著，1999，『社会調査へのアプローチ−論理と方法−』ミネルヴァ書房.

第7章 ドラマ演習を通してスキルを高める

　地域には多様なアクター（主体、登場人物）がいます。公共機関もあれば民間の施設や団体もあり、地元の諸団体や企業もあります。専門家もいればボランティアや非専門職の人もいますし、地域福祉活動に対して積極的な活動者や協力者もいれば、非協力的だったり批判的だったりする人もいます。このような立場・考えの異なるアクターの間で、コミュニティワーカーはうまくバランスをとりつつ地域の問題解決を図り、かつ住民の意識高揚に努めなければなりません。

　ところで、私たちは普段、何気なく自分の立場からのみ物事をみようとしているのではないでしょうか。つまり、自分（個人にしろ所属集団にしろ）がどう思うかという、主観や価値観に支配されて行動していると言っても過言ではないのです。本章で取り上げるコミュニティワーク・ドラマは、地域の多様なアクターの立場を想定し、疑似体験を通して広い視点から地域課題を考察するのに優れた手法です。コミュニティワーク・ドラマは、いわゆる"寸劇"タイプのワークショップですが、自分たちで創作することで立場の違いについての洞察力を養うことができます。また、演じられたドラマについて討議することで、より深い観点から問題を理解することができるでしょう。ここでは、授業への導入を目的としてこのドラマづくりを説明します。

7.1　コミュニティワーク・ドラマの目的

　加納恵子（2003）が提唱するコミュニティワーク・ドラマ演習は、次のような方法的特徴があります[1]。

　　各自が身近なエピソードを拾い上げて、チームでストーリーを展開し、配役を決めてワイワイがやがやと、「私の町のコミュニティワー

ク・ドラマ」を作り上げ演じてみるのは、日常の生活や援助実践を見直し、大事なことを再発見するよい機会となる。また、このドラマ演習は、面接技術などでよく用いられるロールプレイ（役割劇）の拡大バージョンでもあり、〔中略〕「応用動作」の力量アップを意図した「身体で学ぶ」ワークショップである。

したがってこの演習方法のねらいは、小グループ（5～8人程度）の仲間と楽しい雰囲気で進めながらも、専門職としての地域支援の技術(コミュニティワークのスキル)を習得することにあります。加納はこの〈コミュニティワーク・スキル〉を次の２つに大別しています。すなわちサイエンス性の高い「アナリスト・ワーク（分析作業）」とアート性の高い「オーガナイザー・ワーク（組織化作業）」であり（表7.1）、これらを融合しながら状況に応じて使うことが求められています[2]。

援助の場面では、「調査」「診断」……といった援助の専門用語を地域住民に対してそのまま用いても、受け入れられにくいものです。そのため日常的な実践用語に置き換えることが大切です。ドラマづくりでこれを意識することについて、加納は以下のように述べています[3]。

> 調査であれば、「ひろう」という日常的なキーワードから、より広くとらえて、観る・聴く・歩く・伝える……と展開していき、さらには、住民にとっては専門的介入がときとしてマイナスに作用する行為、たとえば「のぞく・邪魔する……」といった功罪の罪の面にもコミュニティワーク・ドラマのエピソードを探すと、案外リアリティが増して、ワーカーのロールプレイとして学習効果が増すと思われる。

つまりこのようにして、〈理論レベル〉で習得したコミュニティワークを〈実践レベル〉へ置き換えていくのですが、その訓練としてドラマづくりの演習が役に立つわけです。このことをふまえ、実際の演習に進んでいきたいと思います。

表7.1　コミュニティワークのスキル

```
アナリスト・ワーク
  1) 調査（ひろう）：観る・聴く・伝える ⇔ のぞく・邪魔する
  2) 診断（すてる）：読み取る・切り取る・選び取る ⇔ 見捨てる・避ける
  3) 計画（ならべる）：見通す・示す ⇔ 嘘をつく・格好をつける

オーガナイザー・ワーク
  1) 組織化（つくる）：創る・支える・繋げる ⇔ 潰す・押しつける・去る
  2) 運営管理（まわす）：廻す・まとめる・仕切る ⇔ 見張る・囲う
  3) ソーシャル・アクション（ほえる）：動く・訴える・守る ⇔ 壊す・邪魔する・逆らう
```

高森・高田・加納・平野, 2003

7.2　演習 ──コミュニティワーク・ドラマに挑戦しよう

いよいよドラマづくりの演習に取り組んでみます。本来は参加者（学生、ワーカー等）が自分の地域生活や援助実践で得た体験をもとにしてドラマを作り上げることとされていますが、ここでは以下の事例を参考にすることにします。

右のケースについて、下の手順（表7.2）でドラマを創ってみましょう。なお、筆者がこのワークショップを過去に行った時、参加者が自発的に「その後」のストーリーを考え、実演したことがありました。それもヒントにして以下の3つの場面を挙げますので、この中からグループでいずれかを選んで劇を作って下さい。なお、作業は「シナリオ・シート」（P.92-93）を活用すると進めやすいでしょう。

　設定①：上の事例をストーリーとして再現する
　設定②：「その後」を創作してみる
　設定③：上のストーリーを参考にして、新たなストーリーを創作してみる。

(事例) 当事者組織の結成過程

　交通事故で妻を亡くし、2人の幼い子どもを抱えて父子家庭の生活をおくることになったAさんは、毎日の炊事や育児、掃除、洗濯等、多くの家事に追われながら、しかも会社で働いていた。通勤時間のかかる職場を変わることを考えたり、役職を離れたりで、仕事と家庭の両立に悩む日々が続く。

　そんなある日、ふと市の広報紙に目をやると、そこには、次の日曜日、公民館で「父子家庭の集い」が社会福祉協議会（以下、「社協」）の主催で開かれるとあった。Aさんは、「そこに行けば、この生活の困難を解決する、なにか糸ぐちがみつかるのでは」と期待して参加することにした。

　子どもたちを親戚の家にあずけて公民館にいくと、そこには社協のワーカーと、数人の父子家庭の父親たちがいた。Aさんは同じ立場にいる父親たちと話すのは初めてであったが、炊事や育児の問題、仕事と家庭の両立の難しさなど、抱えている問題がほとんど共通していることに気がついた。なかなか人に言っても理解してもらえない問題が、同じ立場の人同士では、ひとこと言えば、すぐに通じる。そのうれしさから、Aさんは集まった父親たちとすっかり意気投合した。

　閉会し、晴れ晴れとした気分で家路についたAさんは、「このつながりを、なんとか1回きりのものにしない方法はないだろうか」と思案し、「今日出会った父親たちと一緒に会をつくってみたい」と考えた。電話番号を交換した2〜3人にこの話をすると、その人たちも賛成してくれたので、思い切って社協のワーカーに相談してみた。こうして社協の支援のもとに、父子福祉会が結成されることになった。

牧里毎治他編、1995

表 7.2　コミュニティワーク・ドラマの手順

① エピソード＆シナリオ・メモの共有化

② 原作の選定
　　テーマ・メッセージ・時代性・地域性の視点から

＊本書では「事例」を採用

③ シナリオづくり
　　4幕構成：起承転結

④ キャスティングと役づくり
　　いろんな役に挑戦してみよう（監督、ナレーター、Aさん、Aさんの子どもたち、社協のワーカー、会社の上司・同僚、近所の知人、友人、他の父親たち……　1人で複数の役もOK
　　　　　　　　　　　　　　　　＊セリフはアドリブでOK！

⑤ ロールプレイ
　　バーバル（言語）＆ノンバーバル（非言語；身振り・表情・声・態度等）・コミュニケーションの威力と大事さ、その役の立場や気持ち、……に気づいていく

⑥ リハーサル＆フィードバック

⑦ 公演！＆観客フィードバック

⑧ まとめ＆振り返り＆アカデミー・コミュニティ賞授与式

高森・高田・加納・平野，2003

7.3　まとめ——地域の人びとが"気づき""変わっていく"過程

　P.88の事例では、父子家庭の父親たちが、ワーカーの支援を受けながら「父子福祉会」を結成し、自分たちをエンパワメントしていくこととなりました。このような当事者組織は、他にも「ひとり暮らし老人の会」「家族介護者の会」「精神障害者の会」「難病患者の会」……等とテーマごとに作ることが可能です。当事者が一人一人孤立していては解決できない問題でも、それらの人びとが集まることで、精神的・物理的な支え合い、情報収集・交換、制度改善へのはたらきかけ等、集団的解決の可能性が広がると言えます。換言すれば、最初は当事者にとって「私の生活課題」だったものが、問題を共有する人たちが組織化される過程を通して「私たちの福祉課題」と捉えることが可能にもなります。そのためこうした組織づくりは、当事者主体の地域支援の第一歩となるのです。

　さらに、その援助活動を通して問題自体の解決を図る（事例の場合、父親が育児や家事と仕事を両立させる等）ことはもちろん大切ですが、それと同時に、取り組みの過程を通して当事者自身がより積極的な生き方ができるようになることや、活動に協力する住民がより成長する（主体的になる）こともまた、大きな目標と言えるでしょう。一般の住民が問題に対する関心を高め、また地元意識を強めていくことは、彼らに「私たちの福祉課題」という認識を植え付けることになります。援助する立場にある人は、このような視点から当事者組織化を側面支援することが大切と言えます。

　こうして当事者（たち）が主体性を発揮し、それがさらに地域全体としての主体形成を導いていく展開過程は、次のように表すことができます。①「個別的」な問題の「集団」化→②「1回きり」の集まりを「会」に→③「分かち合い」から「ニーズの社会化」に→④住民参加による「制度改善運動」→⑤当事者や住民が「主体的な活動者」になる、というプロセスです[4]。

　本章で紹介したコミュニティワーク・ドラマ演習が、こうした当事者組織化や住民の主体形成の考え方を身につける契機となればと願います。

【注】

1 高森敬久・高田眞治・加納恵子・平野隆之，2003，『地域福祉援助技術論』相川書房，p.213.
2 同上，p.214.
3 同上，p.214.
4 牧里毎治他編，1995，『地域福祉』有斐閣，p.163-166.

『コミュニティワーク・ドラマ』 シナリオ・シート①

a . ストーリー性

① 時代性や地域性

② 価値・テーマ・メッセージ

b . キャスティング（登場人物と特徴）

①　　　　　　　　　　　→　　　　さん
② 　　　　　　　　　　　→　　　　さん
③ 　　　　　　　　　　　→　　　　さん
④ 　　　　　　　　　　　→　　　　さん
⑤ 　　　　　　　　　　　→　　　　さん
⑥ 　　　　　　　　　　　→　　　　さん
⑦ 　　　　　　　　　　　→　　　　さん

シナリオ・シート②

c．構成：4幕（起承転結）

① 第1幕（起）

② 第2幕（承）

③ 第3幕（転）

④ 第4幕（結）

d．コミュニティワーク作品評価

①タスク・ゴール：結果・獲得物（何を解決したか）

②プロセス・ゴール：福祉コミュニティづくりが前進（援助手続きの妥当性＆普遍的価値意識・人権意識アップ＆地域への愛着・「我々意識」アップ）

③リレーションシップ・ゴール：権力構造の変容・民主化（階層・性別・年齢・職種・プロ・アマ・人種）⇒マイノリティ市民へのエンパワメント

第Ⅳ部

実習本番に向けて──心の準備と基礎知識の再点検

第8章　実習計画書の目的と書き方

「Plan-Do-See-Check」（計画−実行−評価−チェック）という言葉を聞いたことのある人は多いと思います。これは一連の"サイクル"であるとされています。何事も事前にしっかりした計画を立て、それに基づいて実行し、実行中や事後の評価も丁寧に行うことで、次のステップでのよりよい計画につながっていく（また、そうしていくことが大切である）というものです。

　実習も、計画段階でどのようなテーマを持って、どのような内容にするか、つまり"はじめのデザイン"で成否が決まると言っても過言ではないでしょう。事前に十分準備をし、しっかり練り上げた計画書を作成することが、より充実した実習につながることは想像に難くありません。また、よい実習をして、事後評価では学んだこと・失敗したことをしっかり受け止めることで、次のステップでより高いレベルの計画づくり（例えば就職等のキャリアデザイン）へとつなげていくことが可能となるでしょう。

　そういう意味において、実習生が「自分はなぜ社協に関心をもったか」「受け入れ先で何をしたいのか」を自分なりに整理し、それを言語化して先方に伝え、プログラムとして組んでもらうために、実習計画書はとても重要なものです。これをもとにして、事前訪問で実際にできるかどうかを微調整してもらいます。

8.1　実習計画書作成の前に

　実習プログラムというものは、洋服に例えるとすると、いわゆる「オーダーメイド」でなく、「レディメイド」（既製品）と言えるでしょう。実習生のリクエストに基づき、自分だけのプログラムをあつらえてくれる

のでなく、実習先で実際に行っている事業で、なおかつ倫理的・技術的に許されるものの中から提供されるため、こちらの希望が全て実現するわけではないのです。

　事前学習や受け入れ先との打合せを済ませていれば、あまりにも実態からかけ離れたプログラムを希望する人はいないでしょうが、それでもいざ実習が始まると「予想もしていなかったこと」は必ず発生します。そういう場合に備えて、計画書でも柔軟に対応できるような余地が必要になるでしょう。つまり、計画書を書く際、「理想を高く」「希望を具体的に」持つことが重要ではありますが、自分の思い入れが過ぎるあまり、「ガチガチの」計画書（特定の事柄にこだわり過ぎ、状況変化を受入れないような内容のもの）にならないように注意が必要です。

8.2　書き方の要点——ポイントをしぼり、かつ柔軟に

　P102-103は、2004年度に関西学院大学で使用した、実習計画書の書き方を示したマニュアルです。この計画書は、①学生の基本的な情報（氏名・学籍番号・実習機関・担当教員・連絡先）、②希望理由、③実習計画1（直接・間接援助技術の側面について）、④実習計画2（法律や制度の側面について）、⑤実習後の見通し（実習体験をどのように活かしていくのか）、⑥これまで履修した社会福祉学関連科目、の六項目から構成されています。詳しい説明はマニュアルに記載されていますのでここでは省き、プログラムに関する部分（上の②〜⑤）の考え方の大枠について、記述例も交えながら解説します。

(1)　希望理由

　言うまでもなく、なぜ地域福祉領域に関心をもったのか、なぜその社協を希望するのかを記述するわけですが、それまで学校で学んできたことや、ボランティア、クラブ・サークル等で経験してきたこととの関連を考えることが大切です。極端に言えば「思いつきで」「ただなんとなく」等の低い動機でなく、「今までの経過をふまえて」関心をもつに至ったことを明記することが大切です。自身の学生生活をふり返り、整理することにも役立つことだと思います。できることなら、その知識や経験

を実習先でどのように活かせるかまでここでアピールするとよいでしょう。

〔記述例〕
◇ 社会福祉を学んでいながら、自分の身の回りで問題が生じた時、どこに相談すればよいか悩んでしまった。そのような潜在的ニーズを社協がどのように把握し、対処しようとしているか学びたい。
◇ 利用者、住民、関係諸機関・諸団体との連携のなかで事業を生み、発展させていく社協のダイナミズムに魅力を感じた。
◇ 身内に障害をもつ者がいる。家族との生活を続けたいが、在宅生活は困難な状況である。家族に対して障害についての知識、制度に関する情報を的確に伝える機関や、当事者が地域生活するための拠点、雇用先、余暇のための場等、自立生活のために社会システムを整備する必要があると考え、障害者が暮らしやすいまちづくりを進める社協での実習を希望している。

(2) 実習計画1：直接・間接援助技術の側面について

この項目は、社会福祉の援助技術（ソーシャルワーク）の側面に関する目標です。社協で実践している事業の中から、自分がどのような援助活動に携わりたいかについて、ここでは箇条書きで挙げるようになっています。計画策定や広報、政策提言等、マスを対象としたコミュニティワークだけでなく、個別的な相談援助や小グループへの支援等も社協の日常業務です。したがってコミュニティソーシャルワーク実践を構想するという視点が必要でしょう。

なお本計画書では、自分が「習得したいこと」を挙げ、それらに対応する「具体的な行動目標」を列挙するようになっています。

〔記述例（習得したいこと）〕
◇ 調査や地域診断がどのように行われているのか
◇ 相談業務を通して、個人のニーズがどのように地域のニーズとなっていくのか
◇ 社協と住民、行政、他の機関・団体等との関係の理解
◇ 小地域ネットワークの見守り活動において、住民と社協がどう連携

しているか
◇　ふれあい・いきいきサロンの企画・運営
◇　ボランティア・ビューローではどのようにして資源を把握し、ニーズにつなげるのか
◇　住民への広報・啓発活動の方法

(3)　**実習計画2：法律や制度の側面について**

　上の項目が援助方法であるのに対し、こちらは関連する法・制度について実習目標を立てるものです。法律で言うと、地域福祉の根拠と言えるものであり、また社協を規定する社会福祉法をはじめ、福祉関係八法はいずれも社協事業に関係します。また民生委員法や介護保険法、特定非営利活動促進法等のように新旧の地域福祉活動に関連する法律のほか、地方自治法、地方分権一括法のように地方自治に関するものもカバーしておいたほうがよいでしょう。また当該する自治体の関連条例や行政計画等も調べておくべきでしょう。

〔記述例（習得したいこと）〕
◇　地域福祉権利擁護事業は、実際にどのような人がどのように利用しているのか
◇　介護保険制度、支援費制度について、サービス供給や契約の問題が指摘されるが、社協としてどのように質や情報を確保し、評価するのか
◇　地域福祉活動計画についての理解と今後の展望、地域福祉計画との連携体制について
◇　ふれいあいのまちづくり事業が、実施当時どのような影響を地域に与えたか
◇　特定非営利活動促進法（NPO法）ができて、社協はどう変わったか、NPOと社協はどのように連携しているのか

(4)　**実習後の見通し（実習体験をどのように活かしていくのか）**

　多くの学生にとって、実習は"社会人生活"を疑似体験する初めての機会となることでしょう。そこでの学びは日々新しく、何かをやり遂げる達成感や人と接することで得られる喜びもあれば、責任を伴うことに

よる緊張感、思いがけない辛い経験に重圧を感じることもあるでしょう。また社会の仕組みを垣間見て驚くことがあるかも知れません。卒業後に社会福祉の専門家をめざす人にとって、実習で見聞きし経験したことはそのまま社会で活用できることが多いのはもちろんですが、仮に一般企業等への就職を考えている人にとっても、ヒューマンサービスの現場で得られる経験、現場での立ち回り方等は、どんな業界に進んでも役立つことでしょう。反対に、自分の将来のため（福祉職に就きたい人は、まず「未来の利用者や住民のために」だと思いますが）に実習をどう位置づけるのか、という構想が明確でなければ、ただ漫然と過ごしてしまうことになりかねません。実習先での出来事というものは、嬉しいことも失敗したことも、何年経っても鮮明に記憶しているものです。自分なりの将来構想を創りあげ、実習構想を練り上げてほしいと思います。そのため、ここでは〔記述例〕はあえて挙げません。

8.3 目標をしっかりもって実習へ

　自分はなぜ実習に行くのか、なぜ社協に行こうと思い「〇〇社協」での実習を希望したのか――これを突き詰めていけば、そもそも自分がなぜ社会福祉の道を選んだのか、卒業後どういう分野に進みたいのか、という問いを自分に投げかけ、その答えを探すことは避けられません。

　社会福祉現場実習は、学校でのカリキュラム全体の中でもハイライトとなる部分であり、最も重要な科目の一つですが、それにとどまらず、上でも述べたように自分の人生にとっても大きな経験となると言っても決して大袈裟ではないと筆者は考えています。その大きな「キャリアデザイン」の中で、「実習」という大事な出来事を、自分はどう捉え、何を成し遂げたいのか。それを自問自答しながら実習を計画するということですので、究極的には実習計画書づくりの作業は、「今の時点で思い描く、社会福祉専門職としての（あるいは、社会福祉の専門教育を受けた者としての）自分自身の生き様」をイメージすることだ、というのは言い過ぎでしょうか。

実習計画書　書き方マニュアル

学生氏名：	学生番号：
実習機関：	
担当教員：	連絡先：

→ 巡回担当教員名を記入

→ 実習中に自分が連絡してほしい電話・携帯番号を記入

貴施設での実習を希望する理由

履修済み・履修中の授業内容、あるいはボランティア・課外活動経験と希望する現場実習との関連性を具体的に説明。特に現場実習参加への「動機付け」を中心に簡潔にまとめる。授業・ボランティア・課外活動の「知識」や「経験」が、実習先社協の「どのような活動」に「どう活かすか」を記入。

実習計画1：直接・間接援助技術の側面について

習得したいこと：

1.
2.
3.
4.
5.
6.
7.
8.

直接・間接援助技術の習得課題を箇条書きで簡潔に記入。社協の直接援助活動としては、相談業務やデイサービスでの利用者との関わり合い、間接援助活動としては小地域ネットワーク活動、ふれあい・いきいきサロンなどがあるが、それに実習生として関わる上でどのような援助技術を習得したいかを説明。

具体的な行動目標：

1.
2.
3.
4.
5.
6.
7.
8.
9.
10.

習得課題を達成するためにどのようなアクションを起こすかを考えて記入。習得課題の番号にアクションも対応させる。

実習計画２：法律や制度の側面について
習得したいこと：   1.   2.   3.   4.   5.   6.   7.   8.   法律や制度に関する習得課題を箇条書きで簡潔に記入。社協の関わる法律や制度は数多くあるので、その中で特に自分の習得したいものと関連の強いものだけを選ぶ。
具体的な行動目標：   1.   2.   3.   4.   5.   6.   7.   8.   9.   10.   習得課題を達成するためにどのようなアクションを起こすかを考えて記入。習得課題の番号にアクションも対応させる。
実習後の見通し（実習体験をどのように活かしていくのか）：   実習体験をどのように自己の将来に活かそうと考えているかを説明。卒業後の見通し・進路など今現在考えている予定を記入。できるだけ具体的に！
これまで履修した社会福祉学関連科目：   今までに履修した、もしくは現在履修中の社会福祉学関連科目を記入。秋学期以降に履修予定の科目は記入しない。

第9章 実習日誌・実習報告レポートの書き方

　実習日誌は、社会福祉協議会で実習を行う学生にとって大変重要な意味を持ちます。日誌は、日々の活動の実態を書き記し、それに自己の主観的な感想・疑問などを書き加え、実習先スーパーバイザーからフィードバックをしてもらうという目的があります。従って学生は実習日誌を、ただ自分が分かるように書くだけでなく、他人が見ても理解できる記録として作成する必要がありますから、その為の訓練が必要になります。

　社協の実習では多様な住民や施設・機関・団体との関わりを持つ機会を持ちますから、自己の振り返りに加えて、住民や施設・機関・団体に対して「社協の役割とネットワーク」を分析して実習日誌に書き記す必要があります。一般的に実習日誌はこのような社会福祉協議会のマクロ的特徴を盛り込んだフォーマットになっていないようですが、関西学院大学の現場実習においてはその部分も書きやすいように工夫されています（資料9.1参照）。この章では、社協で実習を行う学生が実習日誌を通して正確で効率的に自己の振り返りとネットワーク分析を行う方法について説明します

9.1　実習日誌の書き方

　① 今日の目標とスケジュール

　まず最初に、学生は実習における一日の目標を記入します。実習計画書において既に実習を通して達成する長期的な課題を設定していますから、それを意識した上で、一日という短期間で達成可能な目標を書き入れます。実習が始まったばかりのころは大きな目標を立てずに「自己紹介をしっかり行い、住民の方々に名前を覚えてもらう」程度でいいですから達成可能な目標を立てましょう。実習が進むにつれて、徐々に難易

度をレベルアップさせて達成に向けて努力すれば実習を通して成長できます。
　また一日の活動スケジュールを午前と午後に分けて簡潔にまとめて記入します。何時にこの活動を行ったという詳細なスケジュールは必要ありませんから、おおまかな内容をまとめて記入します。
　②　観察した事実〈客観的側面〉
　ここには、学生が実習体験を通して観察した事実を数点に絞ってありのままに記入します。だらだらと一日の活動を書き入れるのではなく、特に印象に残った出来事を２～４程度のポイントに絞って記入するのが良いでしょう。特に注意すべきなのは、ここに観察者の主観を混ぜて書き入れないようにする事です。ここは学生が実習において「見た事」「聞いた事」を率直に記入するところですから、「～と思った」「～と感じた」などの主観的な表現や「～のようだった」などの推測的表現は避けましょう。その部分は次に説明する「気づきや疑問〈主観的側面〉」に記入すべき事柄です。
　③　気づきや疑問〈主観的側面〉
　ここでは学生が実習において「見た事」「聞いた事」に対して「思った事」「感じた事」を記入します。実習前の授業や社協活動用語テストの準備として学んだ知識を現実に実習現場での体験と照らし合わせた感想を書いてみましょう。しかしここで注意して欲しいのは、実習先スーパーバイザーや関係者への批判的意見を書かない事です。批判として書くのでは無く、疑問として実習先スーパーバイザーに意見を求める形で記入するのが良いでしょう。
　④　本日の活動についての考察
　一日の活動全体を振り返って総括を記入するのがこの部分です。自分がどういう体験をし、それに対してどう考えたのかをまとめて記入します。実習で「見た事」「聞いた事」に対して何を「思い」「感じた」のか、そしてそれをどう「自分の行動に活かした」のかをまとめて記入します。
　特にこの部分において、社協で実習を行う学生は、本日体験した活動は、社協としてどう関わり、どのような役割を果たしているのかを分析

資料9.1　実習日誌記入例

実習者氏名　社協太郎

> 短期間で達成可能な目標を記入する。

200○年　○月　○日　○曜日

今日の目標	自己紹介をしっかり行い、地域住民の方々に名前を覚えてもらう。		
午前	住民懇談会　第一回作業部会の開催準備	午後	住民懇談会　第一回作業部会への参加

〈観察した事実（客観的側面）〉

　○市○○区住民懇談会の第一回作業部会に参加した。作業部会参加メンバーは40人で、8人づつの5つの小グループに分かれてワークショップ（KJ法）を行い、地域の課題を出しあった。

> 2～4程度のポイントに絞って記入。見た事・聞いた事を率直に記入する方が良い。

〈気づきや疑問（主観的側面）〉

　初めて顔を合わせたメンバー同士で最初は皆緊張していたようだったが、自己紹介を終えた後には大分緊張もほぐれたようで、地域の課題について活発に意見交換が行われた。中には人の意見を聞かずに自分の主張を繰り返す人もいたが、それも住民懇談会への関心の高さゆえの行動なのだろう。

> 思った事、感じた事を記入。個人への批判は避け、実習先スーパーバイザーに質問する形で記入するのが良い。

〈本日の活動についての考察〉

　住民懇談会に参加してみて、参加者の人々が地域の課題について活発に議論を行っているのを見て驚いた。これほど地域への関心が高いとは正直思わなかった。そのような熱心な人々の中、勢いで押されないように自信を持って自己紹介を行い、自分が考える地域の課題について意見を言ってみた。参加者の人々は部外者である自分を快く受け入れてくれたようで、意見にも頷いてくれたので安心した。
　本日の作業部会には、民生委員、学校教員、女性会、PTA、商店会連盟会、医師会、警察等に社協職員が声かけを行って参加してもらったが、工業会や外国人といった社協とまだ繋がりが弱い人々には声かけがうまく行われていないのが課題であるとスーパーバイザーの〇さんから教えて頂いた。住民懇談会には既存の地域グループだけではなく、今まで声を挙げられなかった人々の声をどう汲み取るかをこれから戦略を練って行う必要があるのだと感じた。

> 一日の総括を記入。自分が見た事・聞いた事に対し何を考え、どう行動したのかをまとめて記入。

> 社協のネットワークを分析して記入。スーパーバイザーに積極的に質問して理解した事を記入するのが良い。

〈今後の取り組み・課題〉

　今回は一回目の作業部会ということで、まず参加者である地域住民の方々に自己紹介を行い自分の名前を覚えてもらうことは達成できた。しかし自分が住民の方々にこれから住民懇談会を一緒に作っていくメンバーとして受け入れてもらう程に信頼されてはいない。信頼を得るためには時間がかかるであろうが、まず自分がどういう人間であるのかを分かってもらう事が必要であると考える。自分の人間性を分かってもらうことが信頼関係作りの第一歩になるので、今後は自分の人間性を包み隠さず表現していきたい。また一方で自分が住民の方々の人間性を理解し受け入れるよう努めるのも必要であろう。

> 一日の活動を振り返り、達成すべき課題を記入。短期で達成可能な課題か長期で達成する課題かを考えて記入。

〈実習担当者からの指示・講評〉	担当者名		印

第9章　実習日誌・実習報告レポートの書き方

してここに記入する必要があります。社協が用意してくれた体験について「見た事」「聞いた事」、そしてそれに対して「思った事」「感じた事」だけでは背景的な社会福祉協議会の役割やネットワークを理解する事は不可能ですから、学生は毎回必ず実習先スーパーバイザーにそれを質問するように心がけて、頂いた意見に自分なりの分析を加えて記入するようにしましょう。

⑤ 今後の取り組み・課題

この部分には、一日の活動の振り返りを行った後に「具体的にどうする」のかを行動計画（アクションプラン）としてまとめて記入します。その場合にはその課題の達成時期をいつ頃に設定するか意識する必要があります。次回の実習にでも達成可能な短期的課題なのか、実習の最後までかかる長期的課題なのかを考え、それらは分けて記入するのが良いでしょう。そしてそれらは次回の実習日誌の目標に繋げます。短期的課題であればそのまま目標として設定していいですし、長期的課題であれば、最終的な課題達成に向けて一歩前進するための目標を考えて設定しましょう。

実習日誌の記入には、毎回大変な労力を要します。特に最初の慣れないうちは記入に3時間以上かかることもあります。しかし、実習日誌は学生が自己の援助に関する知識・価値・技術を深め、今後福祉のプロフェッショナルとして活動する時に「実習でこれをしたことがある」と思い出すことも多くありますし必ず役立つものです。評価の対象として最もウエイトが高いものでもありますから、がんばって書きましょう。努力の結晶である実習日誌は、一生の宝物になるはずです。

9.2 社会福祉協議会実習における実習報告レポート作成の意義と書き方

実習報告レポートは、実習での経験を振り返り、そこで達成できた課題と達成できなかった課題を整理した上で、それを自分の中に取り込み、自分の援助技術スタイルの構築を今後の人生においてどう行っていくのか考える事を目的としています。ですからまずはしっかり自分の書いた

実習日誌と実習先スーパーバイザーのコメントを読み直しましょう。そして自分は何ができて何ができなかったのかをしっかり自分で受け止めてそれを正直に書きましょう。実習報告レポートも評価の対象となりますから、評価が低くなるのを恐れて美辞麗句を並べた報告レポートを書く学生がいますが、それでは自己覚知を深める事はできませんし、評価としても低いものになってしまいますから気をつけて下さい。そしてその課題が将来の福祉専門職プロフェッショナルへの途、つまり社協で実習を行った学生にとって「社協ワーカーへの途」へと繋がっていくのです。

　しかしながら実習での経験をすべて自分の中で咀嚼し、将来への課題に繋げるのは非常に難しい作業です。熟練したソーシャルワーカーでも難しい作業を、180時間程度の実習しかしていない学生が行うわけですから、限界があるのも事実です。ですから、自分で整理できていない部分は担当教員と一緒にしっかり振り返りを行い、理解を深めるように努めて下さい。

実習報告レポートの内容
　実習報告レポートの内容は以下の通りに作成します。
1. 実習先機関・施設の概要（種別、名称、所在地、運営主体、職員構成など）および特徴
2. 実習内容（具体的な内容）
3. 現場実習の体験について
    (1) 実習の課題と達成度
    (2) 問題点、疑問点など
    (3) 今後の課題

【参考文献】

岡田まり・柏女霊峰・深谷美枝・藤林慶子編著,2002,『社会福祉基礎シリーズ⑰ ソーシャルワーク実習』有斐閣.

第10章　社会福祉協議会実習に向けて最後の調整

　1章から9章にかけて、社会福祉協議会で実習を行う学生の実習指導について説明をしてきましたが、この章では、学生が実習で抱える不安や疑問に教員側がどのように対処するのか具体的な方法を説明します。実習指導で十分準備をしたとしても、学生にとって実習は初めて社会福祉現場で専門家としてのトレーニングを受ける場であり、今後の人生に大きく影響を与えるものですから、不安や疑問を完全に消し去ることはできません。特に社協で実習を行う学生は実習形態が通年や集中と異なり、実習の開始時期がまちまちであることから心の準備がしにくい状況にあります。そこでこの章では、実習に行く学生の「心の準備」に関する取り組みを紹介します。

10.1　社会福祉協議会実習に向けての"決起集会"

　実習指導の授業の締めくくりとして、実習準備の最終確認と、教員と実習生が気持ちを一つにして実習に取り組む事を目的とした"決起集会"的なオリエンテーションを実施しています。その内容は以下のようなものです。

① 実習中の緊急連絡について
　　実習生には、実習中にトラブルや事故が起こった場合、また実習に関する悩みなどがあるときは、問題が大きくなる前に必ず担当教員に相談するように勧めています。また学生には担当教員の緊急連絡先を確認させています。

② 実習終了後の手続きについて

実習終了の報告は必ず担当教員に行う事を義務付けています。また、お世話になった自習先にお礼状を送る事も忘れないように指導しています。

　③　教員から実習に行く学生へのメッセージ
　　そして最後に教員の方から学生に対して、ねぎらいのコメントを送ります。長い時間と労力をかけてしっかりとした準備を行った事を確認し、学生が少しでも自信を持って実習に臨めるようなコメントを実習生に送っています。

　しかしこのような"決起集会"的オリエンテーションは、基本的に夏休み集中型の実習を行う学生のためのもので、通年型実習を行う学生はもっと早くから実習に向けて心の準備を行う必要があります。ですから通年実習を行う学生向けに、以下に紹介する2種類のワーク「トーキングスティックサークル」「昨年度の実習生との交流会」を実習指導の一環として実施しています。

10.2　トーキングスティックサークル
　「トーキングスティックサークル」とは、北米の先住民族であるアメリカインディアンやカナダの遊牧民部族が重要な取り決めや意見交換を行う時に実施する儀式的な会合です。彼らにとって、円（サークル）は地球上の生きとし生けるものすべてのエネルギーやスピリットとの繋がりを象徴する重要な概念です。地球や太陽といった惑星は円形であり、四季の廻りや動植物のライフサイクルも円として機能していることから、人間も常に円の流れに従うべきだというのが彼らの考え方です。従って、部族で問題が発生した時には、酋長や年長のリーダーを中心に円になって物事を話し合うのです。
　トーキングスティックサークルで使用する道具が「トーキングスティック」です。トーキングスティックとは、部族民全員のエネルギーやスピリットを物質化したもので、羽や石で装飾されています。サーク

ルにおいてはこれを保持した者だけが話をする権利があります。話し終わるとすぐそれは隣の者に手渡しされ、サークルの参加者全員が平等に話をするチャンスが与えられるしくみになっています。話をする者以外はすべて聞き役となり、決してその話を阻害してはいけません。

　近年北米においてトーキングスティックサークルは、意見交換の促進や傾聴を訓練する手段としてその有効性が認められ、グループワークのテクニックとして利用されています。このテクニックを用いて、社協で実習を行う学生が抱える不安や疑問は教員や他の学生と共有されることにより、皆で協力し合って不安の軽減や疑問の解消を行うよう努めています。

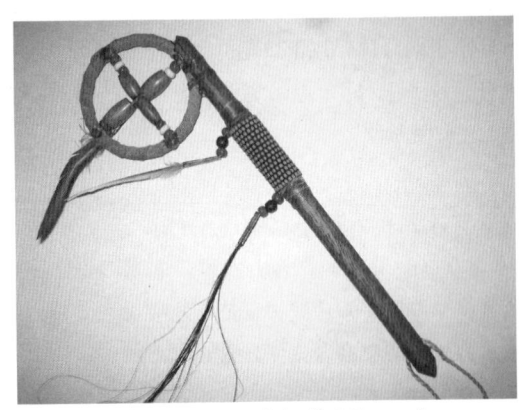

写真 10.1　トーキングスティック

社会福祉協議会実習
トーキングスティックサークルの実施プロセス

① ルール説明

　まずはファシリテーター（教員）が学生に円（サークル）を作って座るように支持します。円を作って直接フロアの上に座り込むのが本来的なやり方ですが、椅子を円形に並ばせて座らせてもOKです。そして円の中心にトーキングスティックを置きます。

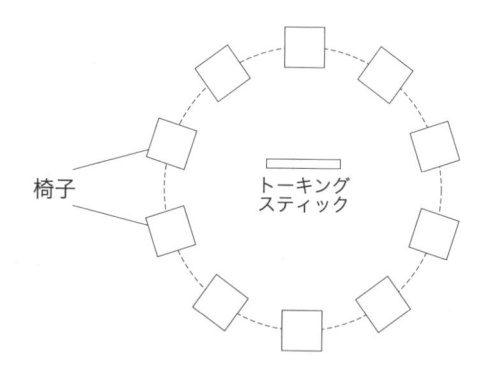

（図：椅子／トーキングスティック）

　以上の準備ができたら、ファシリテーターがルールの説明を行います。まずはトーキングスティックサークルの由来とトーキングスティックの意味を簡単に説明します。そして「話ができるのはトーキングスティックを保持した者のみ」である事、「トーキングスティックを保持した者は自分の思う事・感じる事を正直に話す」事、「話をする人以外は聞き役となり、決して話を妨げない」事、「話し終えたら右隣の人にトーキングスティックを手渡しする」事、「話がない場合にはトーキングスティックを速やかに渡す」事を説明します。

② 話し合いテーマの提供

　次に、トーキングスティックサークルで話し合うテーマ「実

習について思う事」について学生に一分間時間を与え、目を閉じて考えさせます。そしてその思いを円の中心にあるトーキングスティックに伝わるよう念じさせます。

③　話し合い　開始
　ファシリテーターは、最初に話をしたい学生に対して、円の中心に進んでトーキングスティックを取るように支持します。その際に、北米の先住民族にとって最初にトーキングスティックサークルを手にするものは「勇者」として皆から尊敬を受けるという説明を付け加えて学生のアクションを促進します。

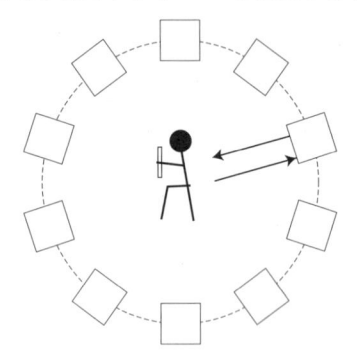

　一人の学生がトーキングスティックを手にし、元の位置に座ると、ファシリテーターは話を開始するよう支持します。そして話し終わると、それを右隣の人に渡すように指示します。

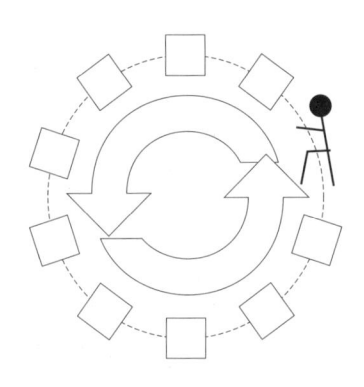

④ 話し合いの促進
　トーキングスティックサークルでは、普段おとなしい学生が人が変わったように話をしたり、普段活発に意見を出す学生がまごついたりなど、意外な面を発見することがあります。それは前に話をした学生達のエネルギーやスピリットがトーキングスティックを通じて次に話をする学生に直接伝わっているからなのです。ですから時にはトーキングスティックからパワーを感じすぎて、泣き出すなど学生が感情を顕わにすることがあります。そのような場合においては、ファシリテーターはその話を強制終了させるのではなく、傾聴することによってすべてをはきださせる方が良いでしょう。そしてトーキングスティックがファシリテーターのところに回ってきたときに、その不安や悩みに対してのアドバイスを送るのが適切です。

⑤ 話し合いの終了
　トーキングスティックが円を一周して最初に話をした学生のところに戻った時に、ファシリテーターは皆が言いたいことを言えたかどうかを確認します。そしてもし言い足りない学生がいるようであれば2周目、3周目と話し合いを継続します。そしてもし皆が言いたい事が言えたようであれば、最初に話を始めた学生が円の中心にトーキングスティックを戻して話し合いは終了となります。

⑥ 振り返り
　トーキングスティックサークルが終了したら、ファシリテーターは感情を顕わにした学生や話が上手にできなかった学生に対して個別に話し合う機会を持つなどフォローアップを行います。

10.3　昨年度の実習生と今年度の実習生との交流会

　学生が実習前に抱える不安や疑問に対して、最も効果が高いアドバイスは、前年度に実習を行った学生から得られる場合が多いようです。特に実習配属先が同じ先輩から、「ここの社会福祉協議会の実習プログラムはこんな特徴がある」「私の実習の一日の流れはこのようなものであった」「スーパーバイザーはこんな人」といった具体的なアドバイスをもらうことは、実習生の知識と心の両面からの準備に役立ちます。ですから今年度の実習に行く学生には、昨年度の同じ社協に配属された学生と個人的にコンタクトをとってアドバイスをもらうよう働きかけています。

　このような個人的な繋がりに加えて、実習指導クラスで昨年度の社協実習生と今年度の社協実習生との交流会を開催しています。実習前に抱える不安や疑問を先輩はどのように対処し成長したのかを参考にして、今後の自己改善計画を立てさせるのが狙いです。実習交流会は以下のような流れで実施されます。

社会福祉協議会　実習交流会

① アンケート記入

　まずは今年度に社協で実習を行う学生と昨年度に実習を行った学生にアンケートを配布し、それを記入してもらいます。これから実習に行く学生にはアンケート①を、昨年度に実習を行った学生にはアンケート②をそれぞれ記入してもらいます。

② 昨年度実習に行った先輩の意見発表

　次に昨年度に実習を行った学生に、1自己紹介、2配属された社協の実習内容、3アンケート②の回答、をそれぞれ発表してもらいます。その際に今年度実習に行く学生には、自分の記入したアンケート①と照らし合わせながら話を聞くよう促します。

③ グループディスカッション

　今年度実習に行く学生を5～6人の小グループに分けます。昨年度に実習を行った学生にその小グループにアドバイザーとして参加してもらいます。そして今年度実習に行く学生はアンケート①に書いた内容を順番に発表します。それぞれの発表が終了した後に、グループで各自の不安や疑問に対する処理の仕方について意見を出し合います。

④ 自己改善計画の作成

　グループディスカッションの結果を参考にして、今年度実習に行く学生に自分が抱える不安や疑問にどう対処し、そのようなアクションを起こすのかを小レポートにまとめて後日に提出させます。

アンケート ①
今年度実習に行く学生用

1. 社会福祉協議会の利用者、実習担当者（スーパーバイザー）、社協内の各職員、関連施設の職員との関係作りについてどんな不安を持っていますか？

   利用者

   実習担当者

   社協内の各職員

   関連施設の職員

2. 社会福祉協議会で実習を行うにあたり、自分に足りない知識はどのようなものですか？

3. 社会福祉協議会で実習を行うにあたり、自分に足りない技術はどのようなものですか？

アンケート ②
昨年度実習に行った学生用

1. 実習中、社会福祉協議会の利用者、実習担当者(スーパーバイザー)、社協内の各職員、関連施設の職員との関係作りについてどんな不安を持ちましたか？

   利用者＿＿＿＿＿＿＿＿＿＿＿＿＿＿＿＿＿＿＿＿＿＿

   実習担当者＿＿＿＿＿＿＿＿＿＿＿＿＿＿＿＿＿＿＿＿

   社協内の各職員＿＿＿＿＿＿＿＿＿＿＿＿＿＿＿＿＿＿

   関連施設の職員＿＿＿＿＿＿＿＿＿＿＿＿＿＿＿＿＿＿

2. 社会福祉協議会で実習を行うにあたり、自分に足りないと思った知識はどのようなものでしたか？

   ＿＿＿＿＿＿＿＿＿＿＿＿＿＿＿＿＿＿＿＿＿＿＿＿＿＿
   ＿＿＿＿＿＿＿＿＿＿＿＿＿＿＿＿＿＿＿＿＿＿＿＿＿＿
   ＿＿＿＿＿＿＿＿＿＿＿＿＿＿＿＿＿＿＿＿＿＿＿＿＿＿

3. 社会福祉協議会で実習を行うにあたり、自分に足りないと思った技術はどのようなものでしたか？

   ＿＿＿＿＿＿＿＿＿＿＿＿＿＿＿＿＿＿＿＿＿＿＿＿＿＿
   ＿＿＿＿＿＿＿＿＿＿＿＿＿＿＿＿＿＿＿＿＿＿＿＿＿＿
   ＿＿＿＿＿＿＿＿＿＿＿＿＿＿＿＿＿＿＿＿＿＿＿＿＿＿

4. 以上のような不安、失望を感じた時、自分はどのように対処しましたか？

   ＿＿＿＿＿＿＿＿＿＿＿＿＿＿＿＿＿＿＿＿＿＿＿＿＿＿
   ＿＿＿＿＿＿＿＿＿＿＿＿＿＿＿＿＿＿＿＿＿＿＿＿＿＿
   ＿＿＿＿＿＿＿＿＿＿＿＿＿＿＿＿＿＿＿＿＿＿＿＿＿＿

終章　求められる社会福祉協議会ワーカー

　社協実習が優れた社協ワーカーに成長するための実習のひとつだとして考えるならば、理想としてはどのような社協ワーカーがモデルになるのでしょうか。社協という組織が直面している社会状況をふまえながら、求められている社協ワーカーについて述べてみたいと思います。
　第1に、職場力とでもいうべきか、社協事務局という職場のなかで職員との協働や社協としての職場アイデンティティを持っているかどうか、組織力やチームワーク力をもっているかどうか、このあたりの能力のある人物が望まれる社協ワーカーということになるでしょうか。社協も介護保険事業や在宅福祉事業の運営拡大で急速に肥大化したところも多くあります。巨大化した社協では、福祉職のみならず介護職やリハビリテーション職員など急激に職種および職員数もふえ、社協職員としてのアイデンティティの危機に立っていると言わざるをえません。社協組織が市町村行政よりも官僚制化して、地域密着型の住民と向き合った民間福祉組織ではなくなりつつあるという批判もあります。かと言って、個人プレーで地域活動を推進するのではなく、社協という組織として職場チームを動かせる能力をもった社協ワーカーが求められています。
　第2に、「社協」という非営利民間地域組織というブランド名や行政でもなく民間事業所や住民組織でもない中間組織特性を活かした活動や事業展開しているか、ネットワーク力を発揮できているかという点です。社協という職場は社協事務局内にあるというのではなく、設置されている市区町村のエリア、地域社会自体が職場といっていいでしょう。その名のとおり協議会なので協議体としての連携や協働のネットワークを形成できているかどうか、インターグループワーク組織として地域社会の構成団体が積極的に参加し、意欲的に福祉のまちづくりに貢献している

かどうかが問われるでしょう。また地域組織といいながら、全国の市区町村の津々浦々まで組織されているネットワーク組織として活動できているかどうか、ネットワーカーとしての力量が試されています。

　第3に、地域社会の資源を活用できる能力というべきか、ストック力あるいはリサイクル力をもったワーカーが望ましいといえるでしょう。財源や組織・人材が整ってから取り組むというのでなく、ニーズがあれば、制度や先行事例がなくても実験開拓的に問題解決のために動きを作り出せる人が優れた社協ワーカーといえるでしょう。資金や人材は活動の後からやってくると信念を持って行動する先駆的な人物こそ望ましい社協ワーカーでしょう。地域社会に蓄積されたストックを現在の活動のエネルギーに転換して、問題解決の道筋を提示できるワーカーこそ、理想とされる社協ワーカーです。

　新しいニーズに対応する制度や施策がなくても、あきらめないで、今ある資源や人材をコーディネートして問題解決の仕組みを創出していくことこそ、社協ワーカーの名人芸とでもいうべきワザです。

　第4に、個人のニーズであっても、個別事例であっても、個々のケースに対応するなかで社会問題として想像力をはたらかせることのできる人は優れた社協ワーカーです。社協ワーカーは、地域組織の支援が仕事であると言っても、地域リーダーばかりの応対に明け暮れていては、個別ケースから地域社会に普遍化した社会問題として提起することは容易ではありません。しかし、社協ワーカーには、個別の事例から問題の社会性を発見し、住民連帯し職種連携して地域社会に共通する問題として取り組むことが求められます。最近のコミュニティ・ソーシャルワーカーとして期待されている役割は、まさしく個別ケースのニーズ発見から問題解決のためのセルフヘルプグループづくり、地域社会全体に広げるネットワーク活動に至るまでの系統的・総合的実践です。

　第5に、つねに変化する社会に柔軟に対応し、固定観念にとらわれないで、地域社会のニーズや生活問題に敏感になれる感性をもてる人が社協ワーカーのモデルになるでしょう。できない理由を探すことに懸命になるのではなく、できることを探す可能性や希望探しに夢中になれる人

こそ求められる社協ワーカーでしょう。常識を疑うことのできる人、伝統や慣習にのみ依存して行為するのではなく、地域社会の変化や人々の暮らしの変容など住民の目線でものごとを感じ考えられる能力を持った人が社協ワーカーとして期待されます。

　このような社協ワーカーに出会える社協実習であってほしいし、このような社協ワーカーへの途をめざした初めの一歩となるような社協実習であることを期待しています。

　最後に、これまで社協ワーカーとコミュニティワーカーと意識的に区別して述べてきたが、どのような意味で分けて述べてきたのかを補足しておきたいと思います。

　社協ワーカーは、既に言及したように社協職員が全員地域の組織化を担当しているわけではありません。むしろ地域組織化を担当している社協職員は少数であると言っても過言ではないのです。しかしながら、社協らしい職務とは伝統的には地域組織化を担当しているとされている社協福祉活動専門員や社協ボランティア・コーディネーターの仕事でしょう。現実にはホームヘルパーであっても近隣住民のネットワーク活動にかかわっていたり、デイサービスの相談員がケア・グループづくりに携わっていたりします。その一群の曖昧な社協コミュニティワークにかかわる職員集団をここでは社協ワーカーと呼ぶことにしました。つまり自らの職務を地域アプローチのひとつとして意識して従事している社協職員を社協ワーカーと命名し、純粋な意味でのコミュニティ・ワーカーとは区別しました。コミュニティ・ワーカーという場合、ある程度、教科書的に理想化してモデル設定しているところがあるので、社協福祉活動専門員だけでは狭すぎるし、かといって社協職員が全員、コミュニティ・ワーカーと呼ぶには漠然としすぎます。もちろん、コミュニティ・ワーカーと抽象的にいう場合には医師や教師、都市計画家など本業がありながら地域リーダー的もしくはボランティア的にセミプロ化して地域実践している人も含まれます。

　そこで理想とされるコミュニティ・ワーカーとは、どのような能力、実力を持った人として考えているかを述べて章を閉じます。

必ずしもコミュニティワーカー固有の実力（コンピテンス）というわけでもないですが、地域社会という曖昧な存在を相手に仕事をする人間に求められる資質・能力と言ってもいいでしょう。次の六つの能力の複合的な組み合わせがコミュニティ・ワーカーに期待される実力とします。例えば、①地域社会の住民ニーズや潜在化してる活動家を発見する、見えないものを見抜く能力（調査力）、②地域社会の問題状況や活動を評価し詳しく説明できる能力（表現力）、③問題解決、住民ニーズ充足のために異なる人材や隠れた資源を活用し結びつけて事業・活動を創出する能力（構成力）、④活動の意義や事業の目的、あるいは関わる人々の目標や希望、やり甲斐など価値や意義を創出する能力（元気力）、⑤常識や慣例などに縛られる制約や様々な障壁を克服する能力（突破力）、⑥抵抗勢力、抑圧権力にめげないで差別や偏見に立ち向かう抵抗力（反差別力・福祉力）などを身につけている地域ネットワーカーを理想のコミュニティ・ワーカーと考えたいと思います。

【執筆者紹介】

牧里毎治（まきさと・つねじ）　　　　　　　　　　　　　　　　＊序章・終章
- 現　職　関西学院大学社会学部教授
- 著　書　『地域福祉講座⑥組織化活動の方法』（共編著）中央法規出版，1985.
  『これからの社会福祉⑥地域福祉』（共編著）有斐閣，1995.
  『社会福祉援助技術各論Ⅱ』（共編著）全国社会福祉協議会，1997.
  『地域福祉論』（編著）川島書店，2000.
  『新版　社会福祉学習双書2002⑧社会福祉援助技術論』（共編著）全国社会福祉協議会，2002.
  『社会福祉援助技術論（下）』（共編著）ミネルヴァ書房，2002.
  『地域福祉論』（共編著）ミネルヴァ書房，2002 ほか．

加山　弾（かやま・だん）　　　　　　　＊第1章・第4章・第6章・第7章・第8章
- 現　職　関西学院大学社会学部社会福祉実習助手
- 著　書　『社会福祉援助技術論（下）』（共著）川島書店，2004 ほか．
- 論　文　「コミュニティ実践の今日的課題──近年のソーシャル・アクションの動向」『関西学院大学社会学部紀要』（第95号），2003.
  「社会福祉援助におけるコミュニティの対象規定──〈病理学モデル〉から〈エンパワメント・モデル〉へ」『関学論叢』（第50号），2004.
  「都市部における移住者集住地区を中心とする地域福祉の課題──A市B区における沖縄出身者のソーシャル・インクルージョンをめぐって」『日本の地域福祉』（第18巻）日本地域福祉学会，2005 ほか．

高杉公人（たかすぎ・きみひと）　　　　＊第2章・第3章・第5章・第9章・第10章
- 現　職　関西学院大学社会学部社会福祉実習助手
- 著　書　『インターナショナルソーシャルワークの基礎──ソーシャルワーカーはどのように国際社会に貢献するのか？　トムソンラーニングソーシャルワーク実践シリーズ第3巻』（共著）トムソンラーニング，2003.
  『コミュニティ・ソーシャルワークの基礎──ソーシャルワーカーは地域をどのように変えていくのか？　トムソンラーニングソーシャルワーク実践シリーズ第1巻』（共訳）トムソンラーニング，2003.
- 論　文　「社会福祉実習におけるスーパービジョンの研究──スーパービジョンにおける満足度に影響を与える要因について」『関西学院大学社会学部紀要』（第95号），2003.

K.G.りぶれっと No.9

社協ワーカーへの途(みち)　参加型実習指導ワークブック

2005年6月25日初版第一刷発行

- 著　者　牧里毎治・加山　弾・高杉公人
- 発行者　山本栄一
- 発行所　関西学院大学出版会
- 所在地　〒662-0891　兵庫県西宮市上ケ原一番町1-155
- 電　話　0798-53-5233
- 印　刷　協和印刷株式会社

©2005 Tsuneji Makisato, Dan Kayama and Kimihito Takasugi
Printed in Japan by Kwansei Gakuin University Press
ISBN 4-907654-75-8
乱丁・落丁本はお取り替えいたします。
http://www.kwansei.ac.jp/press

関西学院大学出版会「K・G・りぶれっと」発刊のことば

大学はいうまでもなく、時代の申し子である。

その意味で、大学が生き生きとした活力をいつももっていてほしいというのは、大学を構成するもの達だけではなく、広く一般社会の願いである。

研究、対話の成果である大学内の知的活動を広く社会に評価の場を求める行為が、社会へのさまざまなメッセージとなり、大学の活力のおおきな源泉になりうると信じている。

遅まきながら関西学院大学出版会を立ち上げたのもその一助になりたいためである。

ここに、広く学院内外に執筆者を求め、講義、ゼミ、実習その他授業全般に関する補助教材、あるいは現代社会の諸問題を新たな切り口から解剖した論評などを、できるだけ平易に、かつさまざまな形式によって提供する場を設けることにした。

一冊、四万字を目安として発信されたものが、読み手を通して〈教え─学ぶ〉活動を活性化させ、社会の問題提起となり、時に読み手から発信者への反応を受けて、書き手が応答するなど、「知」の活性化の場となることを期待している。

多くの方々が相互行為としての「大学」をめざして、この場に参加されることを願っている。

二〇〇〇年　四月